소태산 마음편지

Mind Letters from the Teachings of Sotaesan

균산 최정풍 교무
Rev. Jeongpoong Choi

도서 출판
마음공부

소태산 마음편지

Mind Letters from the Teachings of Sotaesan

군산 최정풍 교무

Rev. Jeongpoong Choi

목차 CONTENTS

사람

작지 않은   14
차 한 잔 하고 싶은 사람   16
엄마 김치   18
사람, 사랑   20
느티나무 어른   22
믿을만한 나   24
열리지 않는 병뚜껑   26
작은 샘물처럼   28
사과를 세지 마세요   30
아름다움   32

A human

Not small   15
A person you feel like having a cup of tea with   17
Mom's Kimchi   19
Person, Love   21
A mature Zelkova tree   23
The trustworthy self   25
A bottle-top opening   27
Like a small spring   29
Do not count apples   31
Beauty   33

은혜와 감사

가원이의 감사일기　36
더 늦기 전에　38
어느 콩나물이든　40
미소 짓지 않아도 되는데　42
감사할 수 있어서　44
숟가락 얹기　46
바나나우유　48
아멘! 감사합니다!　50
즐거운 빚쟁이　52
알까요?　54
한 마리 독사도　56
아픈 길　58
되어가는 중　60
옥에 티　62
문 밖에서 서성이는 은혜　64
아, 은혜!　66
두 개의 눈　68
은恩　70
엄청난 선물 앞에서　72
이런 유언遺言　74

Grace and Gratitude

Gawon's gratitude diary　37
Before it is too late　39
Any bean-sprout　41
Not have to smile　43
Being able to be grateful　45
Putting one's spoon on a set table　47
Banana milk　49
Amen! Thank you!　51
A grateful debtor　53
Does she know?　55
Even a viper　57
A hurtful road　59
On the way to becoming　61
A flaw in a jade　63
Grace waiting outside of the door　65
Oh, Grace!　67
Two eyes　69
Grace 恩　701
Standing before a great present　73
My last wish　75

마음

빙산도 녹는데　78
창살에 갇힌 얼음　80
마음에 든다　82
마음을 담아야　84
마음이 답　86
보이지 않던 것　88
설거지　90
힘을 빼세요　92
휴전선　94
쑥스러운 유무념　96
내 마음공부　98
마음이 곧 부처　102

Mind

Even the glaciers melt　77
Ice trapped in bars　81
When I like something　83
With my mind　85
Mind is the answer　87
Things unseen　89
Doing dishes　91
Relax　93
Ceasefire line　95
Shy mindfulness practice　97
My mind practice　99
Mind is the Buddha　103

1분 선 禪

1분의 편안함　106

반딧불이　108

젖은 빨래처럼　110

깊고 부드러운 숨　112

신호등 앞에서　114

저 벌레, 어디서 온거야?　116

그 이유　118

쓰고 제자리　120

가장 먼 곳　122

즉답이 아니라　124

잠시 죽음　126

그 때　128

One-minute meditation 禪

Just a minute of comfort　107

A firefly　109

Like wet laundry　111

Deep and soft breath　113

Waiting at the traffic light　115

That bug, where did it come from?　117

That reason　119

Use and return　121

The farthest place　123

No immediate answer　125

A momentary death　127

That time　129

온·생·취 온전한 생각으로 취사하기   Choice in action with sound thought

고스란하다   132   Just as it is   133

고요함   134   Stillness   135

가만히 보니   136   Upon looking closely   137

케이크 한 쪽   138   A piece of cake   139

끌림과 온전함   140   Attraction and soundness   141

걱정거리 앞에서   142   Before worries   143

취사取捨   146   Choice in action   145

좋다 싫다   148   Like and dislike   147

화   150   Anger   151

온전한 생각으로 취사하기   152   Choice in action with sound thought   153

사이좋은·恩

당신과 나 사이에   156
사이좋은·恩   158
서로 기대기   160
깊어지고 있는지   162
가만히 있어도   164
싫어하는 이유   166
모든 일의 끝   168
마음 등불   170
다른 것도 은혜   172
따   174
사이좋은 남과 북   176
은恩   180

In good relationship

Between you and me   157
In good relationship   159
Leaning on each other   161
I am deepening   163
Even while being still   165
Why I hate   167
End of all work   169
Mind lamp   171
Being different is grace, too   173
Estrangement   175
North and South on good terms   177
Grace   181

은·하·수 은혜로운 하루 수행

흔한   184
깨어나기   186
온 세상과 아침 인사   188
출근하기 전에   190
무엇을 잡을 것인가   192
오늘을 산다   194
은혜 속으로   196
혹시 빠뜨린 것   198
단순한 하루   200
잠자기와 인과의 이치   202
열반 연습   206
이 세상이 나의 수행도량임을 선언하노라   208

Grateful daily practice

Ordinary   185
Waking up   187
Morning greetings to the whole world   189
Before going to work   191
What to catch   193
I live today   195
Into the grace   197
Something missing   199
A simple day   201
Sleeping and the Principle of Cause and Effect   203
Practicing Nirvana   207
I declare this world as my place of practice   209

소태산

스승 찾기　214
소태산으로　216
초등학생처럼　218
구세주가 없다니?　220
교황님 뵙기 하루 전　222
소태산을 생각하라　224
소태산의 제자　226
도덕이 사라진다　228
참 문명 세계로　230
소태산少太山　232
보물 상자　234
소태산 대종사님, 감사합니다　236

Sotaesan

Finding a master　215
To Sotaesan!　217
Like an elementary school student　219
No external savior?　221
The day before meeting Pope　223
Think of Sotaesan　225
Sotaesan's disciple　227
Morality is disappearing　229
To a truly civilized world　231
Sotaesan　233
Treasure box　235
Master Sotaesan, Thank you　237

사람

—

그 마음에 한 생각의 사私가 없는 사람은
곧 시방 삼계를 소유하는 사람이니라.

소태산, 요훈품 45장.

A human

—

A person who does not have in his heart a single thought of self is someone who owns the triple worlds in the ten directions.

Sotaesan, Maxims 45.

작지 않은

티셔츠를 사면서 들고 갔던 내 옷을
포장 봉투에 함께 넣어달라고 부탁했습니다.

앳된 점원이 내 옷을 받아서
차곡차곡 개켰습니다.
놀랍도록 차분하고 친절했습니다.
그렇게까지 하지 않아도 되는데,
괜찮다고 해도 손길을 멈추지 않더군요.
미소까지 머금고.

그 손길엔 마음이 담겼더군요.
상업적이지도 상투적이지도 않았습니다.
그 마음은 아름다웠고 나는 감동했습니다.

작은 친절 속에서
결코 작지 않은 희망을 보았나봅니다.
아직도 가슴이 따뜻한 것이…

Not small

Buying a T-shirt,
I asked a clerk to put my old clothes into a shopping bag.

The youthful clerk took my clothes
and folded them in order.
She looked surprisingly calm and kind.
She did not have to do that, I insisted,
but she did not stop her careful work.

She revealed her heart in the trace of her hands.
It did not feel like just a routine business transaction.
Her heart was beautiful and I was moved by her gesture.

In her small kindness,
It seemed like I saw a hope that was not small at all.
I still feel my heart warmed…

차 한 잔 하고 싶은 사람

차 한 잔 하고 싶은 사람이 있죠.
차 맛이 어떻든 별 상관없는 사람.
차보다 사람이랄까요?

차 한 잔 하기가 부담스러운 사람도 있죠.
역시 차 맛과는 별 상관없죠.

나는 어떤 사람일까요?
자신 없네요.
많이 켕깁니다.

세상을 살아가면서
이런 성공, 저런 성취도 중요하겠지만
차 한 잔 하고 싶은 사람으로
잘 늙어가는 것도 좋을 것 같습니다.

차 한 잔 사이에 두고
모두 여유롭고 따뜻하기를 기원합니다.
겨울의 초입에서.

A person you feel like having a cup of tea with

You might know a person that you feel like having a cup of tea with.
The taste of the tea does not matter.
What matters is not the tea, but the person.

There is also a person you feel uncomfortable having a cup of tea with.
The taste of the tea does not matter in this case, either.

What kind of person am I?
I am not sure.
Many things are troubling me.

While living in this world,
Success in this or that area is important,
but it would also be good to be aging
as a person whom anyone would feel like having a cup of tea with.

Having a cup of tea with someone,
I hope everyone will be relaxed and stay warm.
When winter comes around.

엄마 김치

뼈를 다친 팔순의 노모가
퇴원을 재촉해서
성치 않은 몸으로
김치를 담급니다.

구순을 넘긴 엄마가
펴지지 않는 허리로 장을 보아
곰삭은 젓갈 듬뿍 넣어
김치를 담급니다.

택배 아저씨 민망하게
무겁고 냄새나는 김치들이
도시의 자식들 집을 찾아옵니다.

자식들이 안부 전화를 하든 말든
세상이 시끄럽든 말든
당신 몸이 아프든 말든
엄마는 오늘도
김치를 담급니다.

Mom's Kimchi

An old mom in her eighties with her bones hurting,
rushes out of the hospital
and makes Kimchi
despite her sick body.

An old mom in her nineties
goes shopping despite her bent upper body
and makes Kimchi
with lots of salted fish.

Delivery men embarrassed by
heavy, smelly packs of Kimchi
arrive at children's homes in cities.

Whether children make a phone call or not,
Whether the world is noisy or not,
Whether her body is sick or not,
Mom makes Kimchi today.

사람, 사랑

아름다운 노래가 흘러나와요.
"이 노래 제목이 뭐죠?"
옆 사람에게 물었어요.

"내 사람이여요."
내가 잘못 듣고 다시 물었죠.

"내 사랑이여라고요?"
"아뇨, 사랑이 아니라 사람이라고요."

그제야 알아듣고,
"아, 사랑이 아니고 사람이라고요…"

문득 느꼈습니다.
'사람'과 '사랑'이 참 비슷하다는 것을.

사람과 사랑.
사랑과 사람.
묘해요.

혼자 괜히 다짐해보았어요.
좀 더 '사랑'에 가까운 '사람'이 되어야겠다고.

Person, Love

A beautiful song flows through me.
"What is the title of this song?"
I ask the person sitting next to me.

"It's called My Beloved."
I mishear the response and ask again.

"Did you say My Love?"
"No, not love, but beloved."

Only then did I understand,
"Ah, not love, but beloved…"

It suddenly dawned on me
the close relation between the words 'person' and 'love.'

Person and love.
Love and person.
How interesting.

I decided to make a resolution to myself
to become a 'person' who is closer with 'love.'

느티나무 어른

교무님들과 계룡대를 거닐다
키 크고 늠름한 느티나무를 만났습니다.
춘추(?)가 500년인 어른 나무였습니다.

사람이라면 외로울 것 같은데
나무는 전혀 외로워 보이지 않더군요.
가만히 보니
홀로 서 있는 것이 아니라
천지와 함께 하고 있더군요.

느티나무는
그냥 그 자리에 있는 것만으로도
아름답고 든든했습니다.
온갖 풍상을 겪고도
넉넉하고 한가로워보였습니다.

이 나무처럼
아름답게 늙고 싶었습니다.

가만히 있으면 선심禪心 가득하고
낙엽 밟는 산책은 행선行禪이 되는
아름다운 가을입니다.

A mature Zelkova tree

Walking along Gyeryongdae with ministers,
I came across a tall, brave-looking Zelkova tree.
It was a mature tree over 500 years old.

If it was a human, it would be lonely.
But the tree did not look lonely at all.
Observing it carefully,
I realized that it did not stand alone.
Instead, it was together with nature, heaven and earth.

The Zelkova tree was beautiful and solid
just with its presence at that place.
Despite all kinds of hardships,
it looked ample and at peace.

I want to age beautifully
like this tree.

Standing still allows a complete meditative mood and
stepping on fallen leaves becomes a walking meditation,
it is a beautiful Autumn.

믿을만한 나

흔히들 말하죠.
믿을 수 없는 세상이라고.
상품마다 품질 보증 표시가 늘어나고,
골목마다 건물마다 감시카메라가 늘어나고,
외워야 할 비밀번호가 늘어만 가는 것이
외려 불신의 시대를 증거하는 것 같습니다.

결국, 사람이 사람을 믿지 못한다는 것인데…
그래서 인간들은 옛날부터 절대자를 신앙했을까요?

바깥을 향한 눈을 안으로 돌려
'나는 나를' 얼마나 믿고 있는지 반문해 봅니다.
믿을만한 나를 만나고,
믿을만한 나를 만들어 가는 것.
진정한 신앙과 수행이 아닐까요?

The trustworthy self

People usually say that the world is not trustworthy.
Every product needs to have a note assuring its quality,
Buildings on every street corner are equipped with surveillance cameras,
Numbers to be memorized are increasing.
These are testaments to the era of disbelief.

In the end, it means that people are not trusting other people…
Could this be the reason why people since time immemorial have faith in an Absolute Being?

Turning my outward attention inward,
I ask myself how much I believe in myself.
I encounter the Trustworthy Self,
Making the self trustworthy.
Might this be the real faith and practice?

열리지 않는 병뚜껑

냉장고에 있던 병을 꺼내서
뚜껑을 돌렸습니다.
앙다문 채 완강히 열리길 거부하네요.

평소 하던 대로
차가운 병뚜껑을 손으로 감쌌습니다.
내 손의 따뜻함이 전해지길 기다립니다.
움츠렸던 병뚜껑이 풀리기를 기다리는 거죠.
역시 뚜껑은 금세 자신을 열어주었습니다.

문득,
차가운 반성에 마음이 시려옵니다.
병뚜껑은 잘 열면서
사람 마음은…

따뜻하게,
감싸주고,
기다리고,
좀 더 기다려야 했는데…

차가운 병을 잡고
나의 따뜻함을 돌아보았습니다.

A bottle-top opening

Taking a bottle out of my refrigerator
I twist the top of the bottle.
It resists being opened with its head tightly fastened.

As usual,
I clasp the cold bottle-top with my hand.
I wait for the warmth of my hand to be transferred.
I wait for the constricted top to loosen up.
As expected, the bottle-top soon releases itself.

All of a sudden,
my mind begins filling with regrets.
While I have done well with opening a bottle-top,
how about other people's minds…

Warming,
Embracing,
Waiting,
I should wait a little bit more…

Holding the cold bottle,
I reflect upon my own warmth.

작은 샘물처럼

몸도 마음도
지칠 때가 있습니다.
마음이 지치면 몸도 따라가곤 하죠.
해야 할 의무와 책임이 더 크게 보이고
작은 일도 버겁게 느껴집니다.
사람을 만나기도 부담스럽죠.

이런 때 어떻게 하시나요?
저는 가끔
'가뭄에도 마르지 않는 샘물'을
떠올리곤 합니다.

그 샘물이 내게 말하는 듯합니다.
"쉽게 그치지 말라고,
탁한 물들을 탓하지 말라고,
세상의 메마름을 핑계 삼지 말라고,
힘들고 위태로우면
더 깊어지라고…"

힘들고 지쳐도
우리, 메마르지 말아야겠습니다.

Like a small spring

There is a time when both my mind and body are tired.
When my mind becomes tired, my body also follows.
My duties and responsibilities appear mountainous
and even a small task seems to be tremendous.
Meeting with people also feels burdensome.

What do you do at such times?
I sometimes remind myself of the phrase,
'a spring not drying up, even during droughts.'

It feels like Spring is telling me,
"Do not give up easily,
Do not blame muddy waters,
Do not make the dryness of the world your excuse.
When you are in difficulty and danger,
go into your depths…"

No matter how burdened and tired,
We shall not dry up.

사과를 세지 마세요

사과나무 심다가
사과의 숫자를 셉니다.
아직 열리지 않았죠.

땀 좀 흘린 다음에
또 사과의 숫자를 셉니다.
아직도 사과는 열리지 않았습니다.

사과는
알아서 열리고
때 되면 열리죠.
밝은 진리가 하시는 일입니다.

조바심으로
사과를 세기보다는
묵묵히 땅심을 돋우는
진정한 농군이 되어야겠습니다.

상농上農은
늘 봄입니다.

Do not count apples

While cultivating apple trees
I count the number of apples.
None of the apples were ripened.

After sweating a little,
I count the number of apples again.
Still no apples have ripened.

Apples ripen by themselves when the time comes.
This work is done by the bright Truth.

Instead of counting apples with haste,
We must be sincere farmers
who cultivate mind ground with silence.

The highest farming is
everlasting Spring.

아름다움

피는 꽃만 아름다운 것이 아니라
언젠가부터
지는 꽃도 아름답더이다.

가만히 보고 있으면
지나쳤던 아름다움들이 다가옵니다.

오늘 만나는 우주만유 부처님들의
아름다움과 신비로움을
놓치지 않기를 기도합니다.

Beauty

Not only blossoming flowers,
but also withering flowers look beautiful
on some other day.

Observing with serenity,
Beauty previously unseen, now shows up naturally.

I pray,
"May I not miss the beauty and marvelousness of
all the buddhas and all things in the universe that I will encounter today."

은혜와 감사

―

없어서는 살지 못할 관계가 있다면
그 같이 큰 은혜가 또 어디 있으리요.

소태산, 사은

Grace and Gratitude

—

If there is a relationship

wherein we cannot live without the other,

then where would there be a grace greater than that?

Sotaesan, Fourfold Grace.

가원이의 감사일기

"오늘도 즐겁게 놀 수 있어서 감사합니다.
아빠가 나의 투정을 언제나 받아줘서 감사합니다.
내가 꿈이 있는 것에 감사합니다.
내가 건강한 것에 감사합니다.
우리 가족이 화목해서 감사합니다.
오늘도 웃을 수 있어서 감사합니다.
엄마, 아빠가 나를 낳아주셔서 감사합니다.
오빠와 같이 놀 수 있어서 감사합니다.
독립운동가 분들에게 감사합니다.
우리 가족이 아무도 다치지 않아서 감사합니다.
할머니 수술이 잘 되어서 감사합니다.
내가 행복해서 감사합니다.
피아노에 재능이 있다는 것에 감사합니다.
오늘도 엄마가 웃으셔서 감사합니다.
우리나라에 인종차별이 없어서 감사합니다.
아침 일찍 일어나 도로를 청소해 주셔서 감사합니다.
내가 다른 사람을 위해 고마워 할 수 있어서 감사합니다.
오늘에 감사합니다."
초등학교 4학년 가원이가 쓴 감사일기입니다.
마음이 따뜻해집니다.
이 글을 읽을 수 있어서 감사합니다.

Gawon's gratitude diary

"I am grateful that I had fun playing today.

I am grateful to my father who always puts up with my complaining.

I am grateful for an aspiration in my life.

I am grateful for good health.

I am grateful for a loving family.

I am grateful that I laughed today.

I am grateful to my parents who gave birth to me.

I am grateful to play with my brother.

I am grateful to all the fighters for independence.

I am grateful that my family is free from harm.

I am grateful my grandmother's surgery went well.

I am grateful to be happy.

I am grateful to be a talented pianist.

I am grateful my mother laughed today.

I am grateful our country is free of racism.

I am grateful to those who woke up early to clean the road.

I am grateful for being able to be thankful for others.

I am grateful for today."

This is a diary entry from a fourth-grade student named Gawon.

Her words warm my heart.

I am grateful I could read her entry.

더 늦기 전에

가로수 이파리마다 빛나는
햇볕 한 줄기가 그렇게 아름다운 줄
예전엔 몰랐답니다.

물 한 모금이 그렇게 소중한 줄
예전엔 정말 몰랐답니다.

입에다 죽을 떠 넣어주는
아내의 손길이 그렇게 고마운 줄
예전엔 하나도 몰랐답니다.

일주일간 혼수상태에서
저승(?)을 헤매다 돌아와
새 삶을 얻은 분이 오래도록 해준 이야기입니다.

소중하지 않은 것이 없고
고맙지 않은 것이 없다는 것,
더 늦기 전에 깨달아야하겠습니다.

Before it is too late

I did not know before
that a ray of sunlight upon every leaf of the trees alongside the road is so beautiful.

I did not know before
that a sip of water is so precious.

I did not know at all before
that my wife feeding me soup is so merciful.

This is a story I heard from a person who had renewed life
upon awakening from a weeklong coma and near-death experience.

There is nothing that is not precious
and there is nothing that is not gracious.
We should realize this before it is too late.

어느 콩나물이든

새벽 3시에 일어나서
콩나물을 배달한다고 하네요.
저녁 몇시에 자느냐고 물으니
11시쯤 잔다더군요.

그럼 낮에는 좀 쉬느냐고 묻자
낮엔 콩나물을 키운다고,
쉴 틈이 없다며 웃더군요.

라디오 인터뷰에 소개된
어떤 젊은이 이야기입니다.

밝고 씩씩한 목소리를 들으면서
가슴이 뭉클하더군요.

눈을 감고 콩나물의 은혜를 묵상했습니다.
이 세상 어느 콩나물이든
그 은혜는 너무 무겁고 가격은 너무 쌉니다.

Any Bean-Sprout

He said that he delivers bean-sprouts
at three in the morning.
I asked when he goes to bed,
he answered that he went to bed around eleven.

When I asked if he took some rest during the daytime,
he replied with a smile
that he grew bean-sprouts during the day,
so he had no time to rest.

This is a story of a young man interviewed on the radio.

While I was listening to his bright and energetic voice,
my heart was touched.

Closing my eyes, I contemplated the grace of bean-sprouts.
All the bean-sprouts in this world,
their grace is so rich, yet their price is so cheap.

미소 짓지 않아도 되는데

편의점에서 계산을 하는데
점원 아주머니가 미소를 머금고 있네요.
내 앞의 손님이 계산할 때도
내 차례가 되어 계산하는 동안에도.

그 분께 잔돈을 내면서 "감사합니다"
돌아서서 나오면서도 "감사합니다"라고
다시 한 번 인사를 했습니다.

아마도 두 번째 내 인사는
그 분의 미소에 대한 답례였나 봅니다.

오래도록 일하느라 피곤했을 텐데,
꼭 미소 짓지 않아도 될 텐데…

그 분의 자연스러운 미소가
아름답고 감사했습니다.
참 행복한 순간이었습니다.

Not have to smile

While I was paying at a convenience store
the female clerk was smiling.
It was just the same as when the customer before me was paying
as when it became my turn to pay.

I said, "Thank you" while giving coins.
I repeated again before leaving the store, "Thank you."

Maybe my second thanks
was responding to her smile.

She must have been tired after a long workday.
She did not have to smile…

Her natural smile
was beautiful and I was grateful for it.
It was truly a happy moment.

감사할 수 있어서

마을버스를 타려는데
기사님이 핸들에 머리를 대고 쉬고 있네요.
타면서 보니 마스크도 하고 있군요.
설 연휴에도 감기든 몸으로
고군분투중인 거죠.

"괜찮으세요?"
"괜찮습니다!"
짧은 인사를 주고받았습니다.

얼마 전 하얗고 예쁜 노트가 내게 왔어요.
이름하여, '감사노트.'
스승님들이 써주신 '감사합니다'란 글씨가
일곱 색깔 무지개로 장식된 노트죠.

첫 장을 펴고 무엇을 적을까
한참을 생각했죠.
'감사할 수 있어서 감사합니다.'
감사노트에 쓴 첫줄이었어요.

버스에서 내려 걸으며 생각했어요.
아직도 많이 비어있는 내 감사노트.

Being able to be grateful

While getting on a town bus,
I notice the driver resting with his head on the wheel.
He is also wearing a mask.
He must be struggling to overcome a cold,
working even during the Korean New Year's holiday.

"Are you okay?"
"I am okay!"
We exchanged brief greetings.

Recently I received a pretty notebook
called 'gratitude notebook.'
The word 'Thank you' written by my teachers
were decorated with a seven-color rainbow on the notebook.

I thought about what to write on the first page for a while.
'I am grateful for being able to be grateful.'
This was the first line I wrote on the gratitude notebook.

Walking off the bus, I thought about.
My gratitude notebook still had many pages to be written.

숟가락 얹기

"숟가락 하나 얹었을 뿐입니다."
유명 배우의 수상 소감입니다.
비록 주연 배우로서 상을 타지만
뒤에서 수고한 수많은 사람들에 대한 고마움을
잊지 않고 표현한 것이죠.

가만히 생각해보면
숟가락 참 많이 얹고 삽니다.
많은 인연들이 나를 위해
밥을 하고, 반찬을 마련하고, 상을 차립니다.

여태까지 받았던 수많은 밥상들과
지금도 받고 있는 밥상들을 생각해보면
감사하고 겸손하지 않을 수 없습니다.
밥상 받을 때마다
수상소감(?)을 잊지 말아야겠습니다.

우리 모두를 위한 상차림 하러
씩씩하게 보은의 일터로 가야겠네요.

Putting one's spoon on a set table

"I just put my spoon on a set table."
These were the prize-winning words of a famous actor.
He won an award as hero of a movie,
but he did not forget to express his gratitude for many people
who worked so hard behind the scenes.

Contemplating this,
I realized that I just put spoons on many things.
Many people around me are cooking rice, preparing side dishes and setting the table for me.

Considering countless tables of food which I have received
and that I am still receiving,
I have no choice but to be grateful and humble.
Whenever I receive a table of food,
I will not forget those award-winning words.

To set a table for all of us,
I will go to my workplace to pay back the grace.

바나나 우유

초겨울의 익산역 광장을
바쁜 걸음으로 가로지르고 있었습니다.

앞서 걷던 청년이 꾸벅 허리를 숙이더군요.
찬 바닥에 앉아 구걸을 하는 걸인이 있었고,
청년 손에 들렸던 바나나 우유는
그 걸인에게 전해졌습니다.

눈앞에서 갑자기 일어난 일에
잠시 멍했습니다.
노란색 바나나 우유라는 현물은
화폐가 가진 가치를 훌쩍 뛰어넘고 있었습니다.

나를 뒤돌아보니
걸인에게 약간의 화폐를 주기는 했어도
직접 현물을 준 적은 없더군요.

듬직하고 아름다운 청년을
확 끌어안아주고 싶었습니다.
그가 있어 행복하고 감사했습니다.

Banana milk

I was walking fast
across the square of Iksan station in early winter.

A young man suddenly bent down.
There was a beggar on the cold ground and
the young man handed over banana milk to the beggar.

I was stunned by what happened spontaneously in front of me.
The value of the actual product, the yellow banana milk,
was way overpriced.

Reflecting upon my own actions,
I sometimes gave some money to beggars,
but never actual products.

I wanted to tightly embrace
the trustful and beautiful young man.
I was happy and grateful for his presence.

아멘! 감사합니다!

티브이 뉴스 시간에
앵커와 리포터가 말을 주고받다가 리포터의 말이 끝났습니다.
아주 잠간 어색한 침묵이 흐르더군요.
그 때 이런 생각을 했죠.
'감사합니다!'라는 말로 마무리를 하면 저렇게 뻘쭘(?) 하지는 않을 텐데…

기독교인들의 '아멘'도 생각났죠.
그들이 자주 하는 '아멘(Amen)'은 주로 '믿습니다'는 뜻으로
어떤 분들은 '아멘'을 입에 달고 다니죠.

불교인들의 '관세음보살', '나무아미타불'도 마찬가지죠.
유난히 입에 달고 다니는 분들이 있죠.
마음에 모시고 싶어서겠죠.

이 종교, 저 종교를 떠나서
'감사합니다!'를 입에 달고 살면 좋겠습니다.
무언가를 받을 때, 무언가를 줄 때, 차를 탈 때, 차에서 내릴 때
대화를 마무리 할 때, 누군가와 헤어질 때…

인류 보편 종교인(?)들의 '아멘'은
'감사합니다'여도 좋겠습니다.
감사합니다!

Amen! Thank you!

During a TV news broadcast,
the anchor and the reporter had finished their conversation.
There was a notably awkward silence.
At that moment, I thought it would not have been so strange
if they had concluded by saying, 'Thank you!'

It reminded me of the phrase used by Christians-'Amen' which usually means 'I believe.' Some people say 'Amen' all the time.

'Avalokiteshvara Bodhisattva' and 'NamuAmitabul' used by Buddhists are the same.
There are people who speak these words all the time.
It is because they cherish them in their hearts.

Regardless of religion I hope we say 'Thank you!' all the time.
When receiving something, when giving something,
when getting on a car, when getting out of the car,
when closing a conversation, when saying good bye to someone…

It would be good if 'Amen' for all kinds of religious people is simply 'Thank you!'
Thank you!

즐거운 빚쟁이

나이를 먹을수록
빚이 늘어갑니다.
지고도 몰랐던 빚을 발견하게 됩니다.

내 힘으로 살아온 것이 아니라
누군가의 도움으로 살아왔구나…

온 세상이 나를 위해 엄청난 은혜를 베풀어주셨구나…

지금 숨 한 번 쉬고, 물 한 모금 마시는 것이 한량없는 은혜로구나…

무언가를 애써서 하기보다는 가만히 마음을 비우고
은혜를 깊이 느끼는 것이 먼저입니다.

묘하죠.
은혜라는 빚은 발견할수록 가벼워집니다.
빚은 늘어 가는데 괴롭지 않습니다.
몰랐던 사랑을 확인하는 것처럼 행복해집니다.

무량한 은혜 앞에서
즐거운 빚쟁이, 행복한 빚쟁이로 살렵니다.
무한한 세월 속에 조금씩 갚아 나아가는.

A grateful debtor

As I grow older,
my debt is increasing.
I now realize the debt that I had not been aware of before.

I could not have survived by myself.
Instead I have survived thanks to the help of others…

The whole world has given me many blessings…

To take one breath, and to take a sip of water is limitless grace…

The first thing is to feel the grace deeply
and empty one's mind rather than making efforts to do something.

It's marvelous.
This debt, which I also call grace, becomes lighter the more I feel it.
The debt accumulates, but I do not suffer from it.
I become as happy as when I receive unknown love.

Feeling this limitless grace,
I will live as a grateful debtor, a happy debtor
who pays it back throughout countless periods of time.

알까요?

붐비는 서울역
한 여자가 화를 내면서
까만 비닐에 싸인 짐을 발로 찹니다.

"엄마 이런 것 가져오지 말랬잖아!"
단호박과 채소가 튀어나와 뒹굽니다.

나이 지긋하신 어머니는
단호박을 담느라 허둥지둥하시고,
딸은 소리를 계속 지르고…

참 어이없는 광경이었습니다.
이 딸은 지금
자신이 발로 차는 것이 무엇인 줄 알까요?
자기 행동의 의미를 알까요?

어머니를 발로 차는 것이고,
복을 발로 차는 것이고,
우주를 발로 차는 것인 줄,
알까요?

Does she know?

In the crowded Seoul Station,
a woman becomes angry and kicks a black plastic bag.

"Mom, I told you not to bring something like this!"
Squash and other vegetables jump out and tumble onto the ground.

The elderly mother picks up the squash in a hurry,
while the daughter keeps screaming…

The sight was terrible and I was speechless.
Does the daughter know what she was kicking?
Does she know the meaning of her action?

It was kicking her mother,
It was kicking her blessing,
and it was kicking the universe.
Does she know this?

한 마리 독사도

한 제자가 정산 스승님께 여쭈었습니다.
"독사가 어찌 동포은이 되겠습니까?"
"미물 곤충이 있어야 하겠느냐, 없어야 하겠느냐?"
"있어야 하겠습니다."
"그러면 은혜가 아니겠느냐?"

소중한 것들은 없애느라 애쓰고
꼭 필요하지 않은 것은 구하느라 애쓰는 삶.
혹시 우리 현대 문명의 한 모습 아닐까요?

내가 가볍게 여겨도 되는 존재는 이 세상에 없습니다.
혹시 있다면,
가볍게 여겨도 된다는 내 어리석음이 아닐까요?

서로를 부정해서 행복을 구하겠다는 어리석음이
지옥의 고통을 만들어내죠.
안타까운 일입니다.

누군가를 가볍게 알거나 부인하는 행위는
나를 가볍게 알거나 부인하는 행위입니다.
우리는 모두 소중합니다.
그대도 나도.

Even a viper

One disciple asked Master Chongsan,
"How can a viper be a blessing to fellow beings?"
Chongsan replied, "Should there be small insects or not?"
The disciple answered, "There should be."
Chongsan responded, "Then, isn't this also grace?"

A life of neglecting precious things and pursuing unnecessary ones;
Isn't this perhaps one aspect of our modern civilization?

There is not even one being in this world
that we should take for granted.
If there is,
Wouldn't it be my own ignorance that takes it for granted?

The foolishness of pursuing happiness by denying each other
creates a painful hell.
It is such a pity.

Barely knowing someone or denying another
is an act of barely knowing or denying myself.
We are all precious.
Both you and me.

아픈 길

가까운 청년의 부친이
중환자실에서 위기를 넘나들고 있었습니다.
청년은 꼬박 밤을 새운 듯 했죠.

청년에게 물었습니다.
아버지가 어떻게 다치셨냐고.
환경미화원 일을 하던 중에
움직이는 차에서 그만 떨어지셨답니다.
안타까웠습니다.

수술이 잘 되었다는 의사의 진단이 있어서
가벼운 마음으로 병원을 나섰습니다.
돌아오는 길,
깨끗한 길이 예사로 보이지 않더군요.

우리가 무심히 걷던 길은
누군가 목숨을 걸고 청소한 길이었죠.
생각해보면 아픈 길이고,
그래서 은혜로운 길입니다.

청년의 부친만이 아니라
병고로 아프신 분들의 빠른 쾌유를 기원합니다.

A hurtful road

The father of a young man I know
was approaching critical condition in the intensive care unit.
The young man seemed to have spent the whole night there.

I asked the young man how his father got hurt.
While working as a road cleaner
he accidently fell out of the moving truck.
I felt sad to hear this.

After receiving the doctor's update that his operation went well,
I left the hospital with a lighter heart.
On the drive back home,
the clean road did not look the same as before.

The road on which I used to walk without paying any attention to
was the road someone cleaned even while risking his life.
Contemplating this
it seemed to be a hurtful road as well as gracious road.

I wish a quick recovery of not only this young man's father
but also those who are sick with illness.

되어가는 중

"나실제 괴로움 다 잊으시고
기를제 밤낮으로 애쓰는 마음
진자리 마른자리 갈아 뉘시며
손발이 다 닳도록 고생하시네…"

어제 이 노래를 부르며 생각했습니다.
내 머리카락이 하얗게 되었지만
부모님의 은혜를 제대로 알기엔 아직도 멀었다고.

아이를 낳으면 부모가 되지만
그건 반쪽인 것 같아요.
부모님 은혜를 깊이 느끼고 깨닫고
그 은혜에 보은해야 온전한 부모가 되는 것 같습니다.

죽을 때까지 그렇게 부모가 되어가는 중이어야
오히려 마땅합니다.

오늘도 나는
불보살 되어가는 중생인 것처럼,
부모가 되어가는 철없는 자식입니다.

부모님! 감사합니다.

On the way to becoming

"Forgetting all the pain of giving birth,
devoting day and night to care for me
laying me on a good seat, not a bad one
till her hands and feet tire out, she sacrifices for me…"

Singing this song yesterday, I thought:
Though my hair has turned white,
I have yet to know my parents' grace properly.

One becomes a parent when they give birth to a baby
but that seems like only half of it.
Only when one deeply feels, realizes parents' grace
and pays back such grace, they become a complete parent.

Until one dies to this realization,
one should still consider themselves on the way of becoming a parent.

Today I am a sentient being,
on the way of becoming a buddha or a bodhisattva.
Likewise, I am a child practicing on the way of becoming a parent.

Father and Mother! Thank you.

옥에 티

밥을 실컷 맛있게 먹고 나서도
"에이, 김치가 짜!"
투정 할 때가 있습니다.
한 가지 트집으로 열 가지 반찬이 무색해지죠.

김치가 짜다고 하기 전에,
콩자반도 맛있고, 멸치 볶음도 맛있고,
콩나물도 맛있고…
된장찌개도 괜찮았다고 말해야 마땅하죠.

그런데 그게 쉽지 않습니다.
작은 불만족, 사소한 섭섭함
못 본 척 해도 되는 단점들에 사로잡히곤 합니다.
옥玉이 아니라, 옥에 티만을 보는 것처럼.

아무런 티도 없는 옥은 없습니다.
옥이 있어서 티도 있죠. 티도 옥입니다.

내 눈에 자꾸 티만 보이면
잠시 멈추고 티의 바탕을 보아야겠습니다.
티의 바탕은 옥이고
내 삶의 바탕은 은혜와 감사입니다.

A flaw in a jade

After eating a meal, sometimes I complain,
"Wow, the Kimchi is so salty!"
With one judgement, ten side-dishes turn to naught.

Before saying that the Kimchi is salty,
I could have said that the Kongjaban(beans cooked in soy sauce) was tasty,
the anchovy fry was tasty, the bean sprout was tasty…
the Doenjangs-Jjigae(soybean paste stew) was also tasty.

However, this is not easy.
I am often fixated on a little dissatisfaction
a trivial disappointment, and negligible flaws.
It is like not seeing a jade but only a flaw in the jade.

There is no jade without a flaw.
Where there is a jade, there is a flaw. The flaw is also the jade.

When my eyes tend to see only flaws,
I shall pause for a moment and see the ground of the flaw.
The ground of the flaw is the jade
and the ground of my life is grace and gratitude.

문 밖에서 서성이는 은혜

혀끝에 생긴 아주 작은 염증이
온 몸을 아프게 하더군요.

신발 속에 팥알만 한 돌이라도 들어오면
온 세상이 불편해지더군요.

열 가지 반찬 가운데 하나만 맛이 덜해도
맛없는 밥상이라고 하기 쉽죠.

작은 섭섭함 하나가 아흔아홉 가지 감사함을 덮어버립니다.
안타까운 일입니다.

가만히 생각해보면
은혜를 셀 수 있다는 건, 착각이죠.
무량한 은혜에 무한히 감사할 뿐이어야죠.

툭하면 원망심이 나오는 나는
아무래도 은혜의 진면목과 만나지 못한 것 같아요.

엄청난 은혜가 마음 문 밖에서 서성이며
나를 기다려주고 있는 것 같아요.
깊이, 아주 깊이, 다시 만나자고.

Grace waiting outside of the door

A small sore on the tip of the tongue
makes the entire body ache.

A single red bean seed in the shoe
makes the whole world uncomfortable.

A single tasteless side-dish among ten side-dishes
makes it easy to say the whole table is tasteless.

One small disappointment covers up 99 blessings.
It is unfortunate.

When I consider deeply
it is silly to think that I can count grace.
I am just endlessly thankful to this boundless grace.

I often hold resentment.
Maybe I haven't yet met the true nature of grace.

It is as if vast grace is waiting for me
just outside my mind's door.
Deeply, to meet again very deeply.

아, 은혜!

나를 둘러싼 모든 것이
문제고 경계境界죠.
자칫 방심하면 고통의 원인이 됩니다.

그래서 "앗! 경계다"라고 하죠.
알아차리는 것이죠.
마음공부의 시작입니다.

그런데 참 묘하죠.
경계를 잘 알아차리고
온전한 생각으로 취사를 하면
경계들이 하나하나 은혜로 바뀌기 시작하죠.

천만 경계가
천만 은혜로 바뀝니다.
경계는 은혜의 다른 이름이 됩니다.

"앗! 경계"에서
"아! 은혜"라는 포근한 세계로
살며시 옮겨가야겠습니다.

소리 없이 내리는 첫눈처럼.

Oh, Grace!

Everything surrounding me
is challenges and sensory conditions.
The slightest slip can be a cause of pain.

So I say, "Oh! Sensory conditions."
I am noticing it.
This is a start of mind practice.

However, it is very strange.
When I notice the sensory conditions well
and make a choice with sound thought,
all the sensory conditions turn into grace one by one.

Ten-million sensory conditions turn into ten million grace.
Sensory conditions become another name for grace.

We could gently create a cozier world by changing
"Oh! Sensory conditions" to "Oh! Grace."

Like the first silent snowfall of the year.

두 개의 눈

"진리가 우리에게
두 개의 눈을 준 이유가 있다.
그 하나는
조용히 안으로 자기의 마음을 보라는 뜻이고,
또 하나는
밖으로 은恩을 발견하라는 뜻이다."
대산 스승님의 말씀입니다.

내 마음을 보는 것은
세상에서 가장 중요한 공부입니다.
조용히 해야 마음이 보입니다.

이 세상 모두가 은혜 아님이 없건만
깜박하면 원망이 가득하죠.
흐린 눈으로 보기 때문입니다.

세상이 은恩으로 보이지 않으면
내 눈이 흐린 것이니
내 눈을 맑게 씻을 일입니다.

새삼
'눈을 씻고 본다.'는 말이 생각납니다.

Two eyes

"There is the reason why Truth gave us two eyes.
One is to quietly see inside one's own mind,
and the other is to discover grace on the outside."
This is the saying of Master Daesan.

Seeing my own mind is the most important practice in the world.
You can see it when you keep calm.

All in this world is grace,
yet when we forget, we become full of resentment.
This is because we see with dim eyes.

If you cannot see the world as grace,
your eyes are not yet clear,
You should cleanse your eyes.

Once again,
It reminds me of this saying, 'Purify one's eyes and see.'

은혜

소태산 스승님의 사상을
한마디로 줄인다면 '恩'이죠.

그런데 그 글자가 참 묘합니다.
'因'(인)자와 '心'(심)자로 이뤄졌죠.
인과보응-신앙을 대표하는 '因'자와
마음공부-수행을 대표하는 '心'자가 만났어요.
가히 스승님의 사상을 대표할 만합니다.

묘하게도 은혜는
마음에서 말미암고,
마음에서 비롯되는 것입니다.

마음이 열리면
모두가 은혜이고 감사이지만
마음이 닫히면
원망만 가득하죠.

유념하시게요.
은혜(恩)는 마음(心)으로 말미암는(因) 것입니다.

Grace 恩

If I simplify the teaching of Master Sotaesan to one word,
it is 'grace' (恩).

However, this character is very interesting.
It consists of '因'(cause) and '心'(mind).
Cause and Effect-'因' represents faith, and
Mind Practice-'心' represents practice.
Together, these two represent the teaching of Master Sotaesan.

Invariably grace arises within the mind,
and comes from the mind.

When my mind is opened, all is grace and gratitude,
but when my mind is closed, I am full of resentment.

Keep this in mind.
Grace(恩) arises(因) within the mind(心).

엄청난 선물 앞에서

갈구하는 마음이 쉬고
텅 비고 한가로워지면
안 보이던 것들이 보이기 시작합니다.

내게 주어진 것들이 참 많고 내가 누려온 것들이 너무 많다는 것을.
나를 둘러싼 것들이 모두 내게 주어진 선물임을 깨닫게 됩니다.
마음이 소박해지는 만큼 선물도 커져서
온 세상이 마침내 선물이 됩니다.

작은 선물은 상자에 넣을 수도 있고 예쁜 포장지로 쌀 수도 있지만
이 세상이란 선물은 너무 커서
어디에 넣을 수도 없고 포장을 할 수도 없군요.

혹시 내 마음이 닫혀있어서
이토록 큰 선물을 못 받고 있는 것은 아닌지
마음 빗장을 만져봅니다.
자칫하면 수취인 불명으로 돌아갈 수도 있죠.

온 세상이 온통 들어오도록
마음 문을 활짝 열어야겠어요.

마음이 열리는 만큼 은혜도 가득합니다.

Standing before a great present

When a seeking mind rests,
When it becomes empty and relaxed,
things that could not be seen before start to appear.

Many things have been given to me,
and there are so many things I have enjoyed.
I realize that all things around me are presents given to me.
The simpler my mind becomes, the more bountiful the presents become,
until at last the whole world becomes the present.

A small present can be packed in a box or wrapped with pretty paper,
but the present of this world is so vast
that it cannot be put into something and cannot be wrapped.

I examine my mind to see whether it is closed
in which case I will not receive this great present.
If things go wrong, it might be returned to sender

In order to let this whole world in, I must open my mind wide.

To the extent my mind is open,
it is filled with Grace.

이런 유언遺言

한 세상 살고,
떠나갈 때.

마지막 숨에 담을 말을
생각해봅니다.

"감사합니다." 이어도
좋을 것 같아요.

행복한 맺음이 되고
은혜로운 서원이 될 것 같습니다.

감사합니다.

My last wish

When my life journey nears its end,

I think about the words that will be upon my final breath.

I would be satisfied with just the phrase, "I am grateful."

It would be a happy ending,
and become a vow of gratitude.

I am grateful.

마음

—

사람의 마음은
지극히 미묘하여
잡으면 있어지고 놓으면 없어진다 하였나니,
챙기지 아니하고 어찌 그 마음을 닦을 수 있으리요.

소태산, 수행품 1장

Mind

—

A person's mind is

so extremely subtle

that it exists when you take hold of it

and disappears when you let it go.

How then can a person cultivate one's mind without checking it?

Sotaesan, Practice 1.

빙산도 녹는데

누군가를 미워하면
마음속에 얼음 한 조각이 생기죠.
이 얼음은 묘하게도 잘 녹지 않습니다.
녹은 것 같다가도 그 사람을 다시 보면
다시 얼음이 업니다.
완전히 녹은 것이 아닌 거죠.

마음속 얼음을 그대로 두고는
따뜻하고 행복한 삶이 어렵건만,
자칫하면 얼음이 있는지도 모른 채
평생을 지낼 수도 있습니다.
두려운 일입니다.

가끔 북극과 남극의 빙산이 녹는다는 뉴스를 봅니다.
지구 온난화를 걱정하면서도
한 편으로 이런 생각을 합니다.
'수만 년 된 빙산도 녹는데,
마음 속 얼음 한 조각은 녹이기가 힘들구나.'

Even the glaciers melt

When I hate someone,
it is like having a piece of ice in my mind.
Strangely this ice doesn't melt easily.
It seems to be melted, but when I see that person again,
the ice freezes again.
It has not yet completely melted.

When ice inside the mind remains,
it is difficult to have a warm and happy life.
However, you might live forever
without even noticing that ice is there.
This is a scary thing.

Sometimes I watch news about glaciers at the North and South Poles melting.
I worry about global warming,
but on the other hand I think like this:
'Even the ten-thousand-years-old glaciers melt,
but one piece of ice in the mind is so hard to be melted.'

창살에 갇힌 얼음

얼음 한 덩이로 커피를 끓일 수 있나요?
어린 아이가 아니라면 끓이겠죠.
얼음을 녹여서 물을 만들고
그 물을 다시 끓이면 되니까요.

수증기와 물과 얼음은
다르지만 같고, 하나이면서 셋입니다.
물을 잘 아는 사람은
허공에서 얼음을 만들 줄도 알고,
태산 같은 얼음을 허공으로 만들 줄도 압니다.

마음과 성품을 안다는 것이
마치 물을 아는 것과 비슷하죠.

창살에 갇힌 얼음을 생각해보십시오.
그 얼음은 얼어 있는 동안만 갇혀있습니다.

마음이 어딘가에 갇혀 있다면
아직 마음의 본질을 모르기 때문이죠.
마음을 깨닫는 순간
마음의 감옥은 부질없어집니다.

Ice trapped in bars

Can you make coffee with a chunk of ice?
If you are not a child, you can make it.
First, you melt the ice into water,
and you boil that water again.

Steam, water, and ice are different,
yet the same, one and also three.
A person who knows water can make ice from the air,
and can turn a solid mountain of ice into empty sky.

Understanding the mind and nature
is like understanding water.

Think of the ice trapped in bars.
The ice is only trapped there when it is frozen.

If the mind is trapped somewhere,
it is because you do not yet know the nature of mind.
When you understand the mind,
the jail of the mind disappears.

마음에 든다

마음에 든다는 것은,
마음에 들어온다는 것이고,
마음에 담는다는 것 같아요.

마음에 안 든다는 것은,
마음 안으로 못 들어온다는 것이고,
마음이 좁아서 담기지 않는다는 것이죠.

그 무엇이든
내 마음에 드는지 아닌지를 보기 전에
내 마음의 크기를 잘 보아야겠습니다.

우주만물이 마음에 드는
그런 마음을 그려봅니다.

When I like something

When I like something,
it means it is welcome inside my mind,
as if I carry it inside my mind.

When I do not like something,
it means it is not allowed inside my mind,
as if my mind is too small to carry it.

No matter what it is,
before I decide whether I like it or not,
I must see how big my mind is.

So I create the mind that likes all things in the universe.

마음을 담아야

누군가 내게 물 한 잔을 줍니다.
마음이 담겨 있기도 하고
마음이 빠져 있기도 합니다.
같은 물 한 잔은 그렇게 서로 다릅니다.

말 한마디를 해도
말에 마음을 담아야 합니다.

누군가의 이야기를 들을 때도
마음을 담아서 들어야 합니다.

마음공부란
마음을 담는 공부입니다.

마음을 담는 순간부터
나도 세상도 새로워집니다.

지금 하고 있는 행동에
마음이 잘 담겨 있는지 살펴보아야겠습니다.

With my mind

Someone gave me a glass of water.
Whether it is with the mind or without the mind,
the same glass of water can be different,
depending on one's presence of mind.

Even saying a single word
I must put my mind into words.

When listening to someone's words,
I have to listen with my mind.

Mind practice is to examine the mind.

From the moment of observing my mind,
the world and I are renewed.

You must look closely at everything you do
to see your mind in action.

마음이 답

사람은 원래
착하지도 않고, 악하지도 않습니다.
그래서
악할 수도 있고, 착할 수도 있습니다.
소태산 부처님의 관점입니다.

한 마음을 쓸 때
선과 악,
정의와 불의,
행복과 불행이 갈립니다.

한 마음을 챙겨야만 하는 이유입니다.
마음공부의 시작이죠.

절망할지, 희망할지도
정해져 있지 않습니다.
내 한 마음에 달려 있죠.
마음이 답입니다.

Mind is the answer

People are originally neither good, nor bad.
That is why people can both good and bad.
This is the perspective of Master Sotaesan.

When we use our mind,
good and bad,
justice and injustice,
happiness and unhappiness
come into being.

That is why we must take care of our mind.
This a start of mind practice.

To lose hope or find hope
is not predetermined.
It all depends on the mind.
Mind is the answer.

보이지 않던 것

컴컴했던 계단참에
오래된 전등을 갈았습니다.
훨씬 밝아져서 좋았죠.

그런데 좋기만 한 게 아니더군요.
먼지와 묵은 때들이 다 드러나 버린 거죠.
어둠에 기대어 그냥 지나치던 것들,
보이지 않던 것들이 보이기 시작합니다.

묵은 청소를 하면서 생각했습니다.
마음공부도 그렇겠다고.
마음의 먼지와 묵은 때들이
없는 것이 아니라,
보지 못한 것이고,
보지 못한 이유는 무명無明 때문이라고.

조용히 마음 등불 다시 켜고
나를 깊이 들여다봐야겠습니다.

겨울바람이 차갑습니다.
그 바람이 냉정하게 한 마디 하는 것 같아요.
보려면 바닥까지 보라고.

Things unseen

I changed an old light bulb above dark stairs.
It was good to brighten things up.

However, not all things were so good.
Previously hidden by the darkness,
dirt and dust was revealed by the light.
Things unseen begin to be seen.

While cleaning the old dirt and dust,
I realized how mind practice is the same.
It is not that debris in my mind did not exist,
I simply could not see it.
Only my ignorance prevented me from seeing.

Calmly kindling the light of my mind,
I must look into my mind deeply.

A cold winter wind is blowing.
It whispers to me impersonally.
and says, "Examine the nature of the mind."

설거지

좀 웃기는 표현이지만,
세상엔 두 종류의 사람이 있습니다.
하나, 밥을 먹자마자 설거지를 하는 사람.
둘, 미루고 미루다 나중에 하는 사람.
좀 억울할지 몰라도 대개 둘 중에 하나죠.

두 사람이 같이 살면 서로 고통이죠.
대개는 첫 번째 사람이 더 괴롭습니다.
두 번째 사람은 무심 탱탱 아무렇지도 않으니까요.
첫 번째 사람이 먼저 설거지를 하고 말죠.

절대적인 답이 있다고는 생각지 않습니다만,
권하고 싶은 경지(?)는 자유자재의 경지죠.
숟가락 놓자마자 즉시로 할 줄도 알아야 하고,
마음 편하게 느긋하게 미뤘다가 할 줄도 알아야죠.

설거지에 자유자재하기, 쉽지 않습니다.
뒤로 미루던 분들은 바로바로 해보시고,
바로바로 해야 속이 시원하시던 분들은
좀 미뤄서 해보시기 바랍니다.

설거지에도 마음공부는 있습니다.

Doing dishes

This might sound strange,
but there are two types of people:
One who does the dishes right after a meal, and
one who waits until the last minute to wash them.
It may seem odd, but usually it is one or the other.

If these two types of people live together, there is suffering.
The first one is most troubled.
The second one does not really care.
The first one always ends up doing the dishes first.

I do not think there is an absolute solution to this.
Sometimes you have to do dishes as soon as you are done eating,
and at other times you have to take it easy and do them later.

It is not easy to have complete control when doing dishes.
If you are the second type, then do it right away,
if you are the first type, then take it easy and do them later.

Even doing dishes is mind practice.

힘을 빼세요

"어깨에 힘을 빼세요."
테니스 선생님이 주문하죠.

그래서 힘을 빼면
그렇게 하면 어떻게 공을 칠 수 있냐고
또 야단을 칩니다.
힘을 빼란 것인지 빼지 말란 것인지…

힘을 주되 긴장 하지 말란 건데
감 잡기 힘들죠.

오랜 연습 끝에 깨닫게 됩니다.
공은 힘 있게 치면서도
몸에 불필요한 힘은 빼야함을.
그래야 공도 잘 넘어가고
몸도 지치지 않음을.

마음도 마찬가지.
"하되, 하는 바 없이."

Relax

"Relax your shoulders."
My tennis teacher told me.

Then when I relax,
he scolds me saying, "How can you hit the ball like that?"
Should I relax or not…

It means I have to flex my shoulders, yet not be too tense.
It is difficult to find the balance.

After practicing for a long time,
I realize that I must strike the ball hard,
while minimizing extra exertion of my body,
so that I can hit the ball well
and not feel fatigued.

It is the same with the mind.
"Do it, without doing it."

휴전선

휴전선을 사이에 두고
남한과 북한이 으르렁댑니다.
어린 시절 아이들이 책상 한가운데 금을 그어놓고
조금만 넘어와도 다투던 것처럼.

무엇이든 둘로 나누면
서로는 서로에게 경계境界가 되고,
두 경계 사이에는 선線이 생기죠.

중생의 삶이란 어쩌면
부질없는 선을 긋고, 경계를 만드는 삶인지도 모릅니다.
나는 맞고, 너는 틀렸다.
이것은 좋고, 저것은 나쁘다.
남자는 이렇고, 여자는 저렇다.

진정한 삶의 휴전休戰은 경계선境界線이 지워져야 가능하죠.
선을 긋는 하루가 아니라,
선을 지우고, 녹이는 하루가 되기를 기원합니다.

작은 새들은 지금도
휴전선 위를 무심히 넘나들겠죠.
훨훨!

Ceasefire line

With the ceasefire line located the middle,
South and North Korea growl at each other.
This is just like when children draw a line in the middle of a desk,
and quarrel with each other if one slightly crosses the line.

When something is divided into two,
each becomes a border to the other,
and a line is created between them.

The life of ordinary people
is one of drawing a futile line and making a border.
'I am right, you are wrong.'
'This is good, that is bad.'
'Men are like this, women are like that.'

When we erase the border line, the true ceasefire of life is made possible.
I hope this is not a day of drawing lines,
but instead a day of dissolving and erasing lines.

Small birds are flying
over the ceasefire line right now.
Freely, freely!

쑥스러운 유무념

사소한데 잘 고쳐지지 않는 습관이 있습니다.
한 둘이 아니죠.
말하기도 쑥스러운 것들입니다.

화장실에서 신문이나 책보기.
보는 것까지는 좋은데(?) 너무 오래 읽게 되죠.
그 시간이 너무 좋아서(?) 유무념 할까 말까 하죠.
아직 고치려는 결심을 하지 않은 셈이죠.

밥 빨리 먹는 습관.
건강에도 좋지 않고, 손님보다 먼저 숟가락을 놓게 되죠.
대개는 손님과 식사할 때만 유무념을 하곤 합니다.
적당히 타협하고 있는 셈이죠.

요즘 씨름하는 유무념은 '일찍 잠자기'입니다.
아침이면 좌선과 기도를 하니까
늦게 자면 다음 날 일과에 지장이 있죠.
그러나 이런저런 핑계로 제 시간을 넘기곤 합니다.
'죽는다'고 여기면서 지키려 해도 쉽지 않네요.

오늘도 사소한 습관과 즐겁게 씨름해야죠.
에고, 쑥스러워라!

Shy mindfulness practice

I have small habits that I cannot change easily.
There are more than one.
It is embarrassing even to share them.

Like reading a newspaper or book on the toilet.
Reading is good, but I often read them for way too long.
Even though that time is so good, I hesitate to be mindful.
I haven't yet made a decision to change my habits.

Eating a meal too fast is not good for one's health,
and I tend to finish my meal before my guest.
I try to be mindful of this when I am dining with a guest.
I am making a compromise.

My recent mindfulness practice is to 'go to bed early.'
Every morning I practice sitting meditation and pray,
so if I go to sleep late, I have difficulty getting up the next day.
But I still make excuses and stay up past my bedtime.
It is not easy to keep this practice, and even though I try 'flat out.'

I am happily struggling with my small habits today.
Ah, I am still a little bit shy!

내 마음공부

마음공부를 하는데도
앞으로 나아가지 못하고
오히려 퇴보할 때가 있습니다.

마음을 조금 보게 되면
오히려 남의 허물이
더 잘 보이죠.

상대방의 잘잘못,
가까운 인연의 잘잘못,
세상에 대한 잘잘못은 훤히 꿰면서도
정작 나를 놓칠 수 있습니다.

마음공부에 대해서는 잘 알면서도
마음공부를 놓쳐버리는 것이죠.

이럴 때마다 유념합니다.
'마음공부' 앞에
'내'라는 한 글자를 덧붙이자고.

My mind practice

Even though I do mind practice
sometimes I cannot make progress
but rather seem to regress.

Whereas I see a little of my mind,
I see mostly other's faults instead.

Another's faults,
A friend's fault,
I can see the faults of the world so well,
while being blind to my own.

I understand mind practice so well
that I miss the essence of mind practice.

I keep this in mind all the time:
to put the word 'my' in front of 'mind practice.'

보아야 할 마음도 내 마음이고,
챙겨야 할 마음도 내 마음이고,
다스려야 할 마음도 내 마음입니다.

마음이 자꾸 밖으로 새어나갈 때,
누군가를 탓하려고 할 때마다,
그냥 마음공부가 아니라
'내 마음공부'를 해야겠습니다.

좀 더 집중하고,
좀 더 치열해야겠습니다.
내 마음공부에.

The mind that I have to see is my mind.
The mind that I have to take care of is my mind.
The mind that I have to control is my mind.

When my mind keeps wandering,
Whenever I try to blame someone,
I have to cultivate 'my mind practice'
rather than just mind practice.

To be more focused is my mind practice,
to be more intense is my mind practice.

마음이 곧 부처

잠을 잘 수도 있고, 일어날 수도 있습니다.
밥을 먹을 수도 있고, 먹지 않을 수도 있습니다.
다정한 미소를 지을 수도 있고, 통명스러울 수도 있습니다.
게으를 수도 있고, 부지런 할 수도 있습니다.

약속을 지킬 수도 있고, 지키지 않을 수도 있습니다.
화를 낼 수도 있고, 참을 수도 있습니다.
울 수도 있고, 웃을 수도 있습니다.
길을 나설 수도 있고, 나서지 않을 수도 있습니다.

미워할 수도 있고, 사랑할 수도 있습니다.
감사할 수도 있고, 원망할 수도 있습니다.
전진할 수도 있고, 물러설 수도 있습니다.
절망할 수도 있고, 희망할 수도 있습니다.

이 모든 것이 내 마음에 달렸죠.
그래서 그랬을까요?
"마음이 곧 부처라고."

Mind is the Buddha

You may sleep, or you may wake up.
You may have a meal, or you may miss a meal.
You may smile sweetly, or you may be abrupt.
You may be lazy, or you may be hardworking.

You may keep a promise, or you may break a promise.
You may express anger, or you may repress anger.
You may cry, or you may laugh.
You may hit the road, or you may not hit the road.

You may hate, or you may love.
You may be grateful, or you may be resentful.
You may step forward, or you may step backward.
You may lose hope, or you may find hope.

All of these depend on your mind.
This is why it is said,
"Mind is the Buddha."

1분 선禪

―

대범,
선禪이라 함은
원래에 분별 주착이 없는
각자의 성품을 오득하여
마음의 자유를 얻게 하는 공부인 바,
예로부터
큰 도에 뜻을 둔 사람으로서
선을 닦지 아니한 일이 없나니라.

소태산, 무시선법.

One-minute meditation 禪

—

As a rule,

Sŏn is

a practice that leads to liberation of the mind

by awakening to one's original nature,

which is free from discrimination or attachment.

Since time immemorial,

those who have been determined to achieve the Great Way

have all practiced Sŏn.

Sotaesan, The Dharma of Timeless Sŏn.

1분의 편안함

분주함 속에서도 잠시
여유로운 시간을 가져보세요.
1분이라도.

꼬리를 무는 분별을 잠시 그치고
머리를 쉬어보세요.
1분이라도.

하고픈 말들 잠시 멈추고
마음을 쉬어보세요.
1분이라도.

창밖을 물끄러미 바라보며
가을과 하나가 되어보세요.
1분이라도.

1분 선禪이란 1분이라도 마음을 편안히 쉬는 연습입니다.
이 공부가 소중한 이유는,
1분이 2분 되고, 2분이 3분 되고,
1시간도 되고, 평생도 될 수 있기 때문입니다.

틈틈이 선禪으로 쉬어가는 여유로운 하루가 되기를 기원합니다.

Just a minute of comfort

Even during busy times,
enjoy some leisurely moments.
Even for just a minute.

Let go of endless discriminations,
and let your head cool down.
Even for just a minute.

Let go of thinking about what you want to say,
and let your mind rest.
Even for just a minute.

Gaze outside the window
and be one with Autumn.
Even for just a minute.

One-minute meditation is a practice to rest the mind even for just a minute.
The reason why this practice is precious
is because one minute becomes two minutes, two becomes three, it becomes
one hour, and then it becomes one whole life.

I hope you have a leisurely day, resting in meditation between times.

반딧불이

만덕산 밤길을 산책하는데
반딧불이가 길을 밝혀주네요.
길보다는 마음이 환해지네요.
마음이 금세 동심으로 돌아가는군요.

반딧불이가 꽁지에 불을 밝히고
푸른 빛으로 비행궤적을 그리곤
잠시 사라져버립니다.
어둠과 하나가 되어 자취를 감추네요.

깜깜한 어둠속에서 잠시 사라진
반딧불이가 다시 반짝 나타날 걸
기다리며 생각했습니다.
그래, 반딧불이도 잠시 멈추는구나
준비하는구나…

누구에게나
멈추고, 호흡을 고르고, 준비하는
어두운 시간이 필요하구나…

생각해보니
선禪, 명상冥想이 바로 그 어두운 시간인 것 같습니다.

A firefly

While I was walking at night on a trail at Mandeok mountain,
fireflies were illuminating the path.
My mind became much brighter than the trail.
My mind soon went back to my childhood.

A firefly with its tail glowing blue,
left a trace of its flight pattern,
before disappearing for a while.
Hiding its light, it became one with the darkness.

While waiting for the firefly,
to re-appear in the jet-black darkness,
I thought.
Right, the firefly must also stop for a while.
It is preparing…

Everyone needs a dark time
to stop, breathe, and prepare…

Come to think of it,
Sŏn or meditation seems to be one such dark time.

젖은 빨래처럼

의자에 앉습니다.
온 몸의 긴장을 풀어헤치고
젖은 빨래처럼 몸을 널어버립니다.
비 개인 따뜻한 봄날
햇볕으로 따뜻해진 바위에 빨래를 널 듯,
의자에 몸을 넙니다.

영원히 뜨지 않을 것처럼 눈을 감고,
깊고 편안하게 숨을 쉽니다.
가만히 있으면 됩니다.
마음에 아무 생각도 없이.

따뜻한 햇볕에 나를 말린다고 생각하시고
잠시 쉬어보십시오.

몸이 쉬면 마음도 따라서 쉽니다.
마음이 쉬면 몸도 긴장을 풉니다.

멀리 가지 않고,
그냥 지금, 여기서, 잠시 쉬어보시죠.
참 좋습니다.
선禪은 쉼입니다.

Like wet laundry

I sit on a chair.
I relax my whole body
and hang myself like wet laundry.
On a warm Spring day after the rain has stopped,
I hang myself on a chair,
like hanging laundry on a warm, sun-kissed rock.

I close my eyes as if I will never open them again,
and I breathe deeply and comfortably.
I just need to stay still.
Without any thought on my mind.

Just imagine you are drying yourself in warm sunshine
and take rest for a while.

When the body rests, the mind will follow and rest, too.
When the mind rests, the body will relax itself, too.

Without going far,
just now, right here, take rest for a moment.
It is so good.
Meditation is resting.

깊고 부드러운 숨

마음이 거칠어지면
숨도 거칠어집니다.
마음이 부드러워지면
숨도 부드러워집니다.

숨을 거칠게 쉬면
마음도 따라서 거칠어지기 쉽고,
숨을 부드럽게 쉬면
마음도 따라서 부드러워집니다.

거친 숨이 부드러워지면
숨은 다시 깊어집니다.
숨이 부드럽고 깊어지면
숨은 또 맛있어집니다.
그윽하게 맛있고, 즐겁고, 행복합니다.
숨도 그렇고 마음도 그렇죠.

들숨과 날숨이 서로 사랑에 빠져서
날숨과 들숨이 서로를 기다리는 것 같아요.

유념만 잘하면
누구나 맛볼 수 있는 지극한 행복입니다.

Deep and soft breath

When my mind becomes rough,
my breath also becomes rough.
When my mind becomes soft,
my breath also becomes soft.

When I breathe roughly,
my mind tends to become rough accordingly.
When I breathe softly,
my mind becomes soft accordingly.

When rough breath becomes soft,
it becomes deep breath.
When breath becomes soft and deep,
it becomes tasty, too.
Profoundly tasty, pleasant, and happy
Breath is as such and mind is as such.

It is as if in-breath and out-breath fell in love and
now are waiting for each other.

When you are completely mindful,
This is the utmost happiness any person can taste.

신호등 앞에서

길을 걷다가
건널목을 만날 때가 있죠.
신호등 파란 불이 깜박이거나
7초, 6초, 5초… 남은 시간을 알려줍니다.
사람들은 대개 서둘러 길을 건너죠.

저는 불이 깜박이면 건너지 않습니다.
건널 수 있어도 일부러 천천히 걷다가
신호등 앞에서 멈추고 다음 신호를 기다립니다.

지나가는 차도 구경하고, 행인들도 구경하고,
허리를 흔들흔들 움직이기도 하고,
가로수와 하늘도 봅니다.
신호가 바뀔 때까지 짧은 여유를 즐기는 거죠.

바쁘게 살아가는 내게 주는, 작은 선물이고 배려입니다.

오래된 습관인데요,
신호 기다리다 늦어서 탈 난 적,
아직은 없습니다.
한 번 해보시죠.

Waiting at the traffic light

There are times when we walk down the street
and then come to a crosswalk.
The traffic signal warns us to slowly come to a halt with either a blinking green light or a countdown: seven seconds, six seconds, five seconds…
Most people see these signs and scurry to the other side.

When the light starts flashing, I choose to stop at the curb.
Even though I know I can make it to the other side,
I deliberately slow down, stop in front of the traffic signal
and wait for the next green light.

I watch the passing cars, I notice the passing pedestrians,
I sway my waist from side-to-side,
and observe the trees and the sky.
Until the light changes, I savour this relaxing moment.

I consider this moment a small gift for my busy self.

It is a habit that has been with me for years,
and I can assure you that I haven't yet had any problems waiting at the traffic light.
I suggest you try it for yourself.

저 벌레, 어디서 온 거야?

잠을 자려는데
벌레 한 마리가 벽에 붙어 있네요.
방에서 쫓아내야 할지
그냥 내버려 둘지 고민(?)하다가,
"저 벌레는 도대체 어디서 왔을까?
또 어디로 사라져 갈까?"
가만히 생각합니다.

벌레가 아니라
한 마음, 한 조각 번뇌도 마찬가지.
어디서 왔다가 어디로 가는지…

오고 가는 벌레를 보며
마음의 기멸起滅을 보고,
마음의 행로行路를 봅니다.

내 마음을 깊이 보는 게
선禪이고 마음공부죠.
어디서 왔다가 어디로 가는지를 똑똑히 알면
그게 견성見性이고 깨달음이겠지요.

벌레 보면서도 1분 선禪입니다.

That bug, where did it come from?

When I went to bed, I saw a bug on the wall.
Thinking about whether to get rid of it or let it be,
I calmly asked myself,
"Where did the bug come from?
"Where will it go next?"

Not only a bug,
but also a thought or a defilement is like this.
Where did it come from and where will it go…

Watching a bug coming and going,
I also watch my mind arising and ceasing,
and notice the state of my mind.

It is meditation and mind practice to observe the mind deeply.
When I can clearly see where the mind comes and goes,
I am seeing the nature of awakening.

Watching a bug, I practice one-minute meditation.

그 이유

어떤 일을 당해서,
누군가를 향해서 화를 냅니다.

화를 전혀 내지 않는 것보다,
화를 참는 것보다,
더 중요한 것이 있는 것 같아요.
화를 내는 이유와 원인을 찾는 것이죠.

바깥에서 찾아지는 이유와 원인보다도
내 안에서 찾아야 하는 이유와 원인은
찾기가 더 어렵습니다.
마음 저 깊은 곳에 숨어 있어서죠.

이런 때는
내 마음을 보고 또 보고 또 보아야죠.
1분이 2분 되고,
하루가 되고, 한 달이 흘러도 좋습니다.
결국은 그 이유를 알아채고 잡아내야죠.

내가 정체불명의 경계에 잡혀가지 않으려면
내가 그 이유를 잡아내야만 합니다.

That reason

Something happened to me,
and I got mad at someone.

What is more important than not getting mad at all, or suppressing anger is
to find the reason why I am mad and the cause of the anger.

It is more difficult to find the reason and cause inside of me
than to find the reason and cause outside of me.
It is because the mind is hidden deep inside.

During times like this,
I have to observe, and search again within my mind.
One minute becomes two minutes, becomes a day;
if even a month passes by, it is still okay.
I have to locate the reason and snatch it in the end.

If I do not want to be trapped in unknown sensory conditions,
then I must find that reason.

쓰고 제자리

모든 물건들은 제 자리가 있죠.
손톱깎이는 빨간색 작은 서랍,
양말들은 하얀색 옷장 맨 위 칸,
만년필은 까만색 필통,
수저들은 식탁 위 수저통,
과도는 과도대로, 도마는 도마대로 제 자리가 있죠.

쓰고 나서 제 자리에 놓아야죠.
아니면 나중에 찾느라고 애를 쓰게 되니까요.
그래서 엄마들은 아이들에게 늘 타이르죠.
"썼으면 제자리에 두어야지!"
"나중에 어떻게 찾으려고?"라고.

물건이나 마음이나 마찬가지죠.
쓴 다음에는 제자리에 두어야 합니다.

마음을 제 자리에 두는 공부가 선禪입니다.
1분이라도 하던 일 멈추고 마음을 챙겨야겠습니다.

Use and return

All things have their own place.
Nail clipper in the small red drawer,
Socks in the drawer of the white closet,
Fountain pen in the black pencil case,
Spoon and chopsticks in the case on the table,
Knife with knives, cutting board with cutting boards,
each has its own place.

You must put them back after using.
Otherwise, you will have trouble finding them later.
So moms always tell their children to
"Put it back after using!" and
"How are you going to find it later?"

A material and the mind should be treated in the same way.
They should be put back in their original places after using them.

Practicing to return the mind to its place is meditation.
Just for one minute, I should stop what I am doing and take care of my mind.

가장 먼 곳

내 몸은 여기 있는데
마음은 저기로 가버립니다.

여기 소중한 인연이 내게 말하는데
마음은 저기 딴 소리를 듣고 있습니다.

내가 할 일은 여기 있는데
마음은 저기로 가서 노닥거립니다.

좌선한다고 몸은 여기 앉았는데
마음은 일어나 여기저기로 걸어 다닙니다.

소태산 스승님의 말씀이 생각납니다.
"이 일을 할 때에 저 일에 끌리지 말고
저 일을 할 때에 이 일에 끌리지 말아서
오직 그 일 그 일에 일심만 얻도록 할 것"이라는.

세상에서 가장 가까운 곳이 '여기'이지만
세상에서 가장 먼 곳도 바로 '여기'같아요.

선禪으로 가는 곳이 바로 '여기'이고
여기는 그냥 은혜 가득한 자리입니다.

The farthest place

My body is here,
but my mind drifts away over there.

A precious person is talking to me,
but my mind is listening to some other sounds.

My work is right here,
but my mind is playing somewhere else.

My body sits here in meditation,
but my mind has stood up, and is walking around.

I was reminded of Master Sotaesan's words,
"When you are doing one thing,
do not be distracted by something else,
so that you concentrate only on the task at hand."

The closest place is 'here'
but the farthest place also seems to be 'here'.

The place leading to meditation is right 'here',
and here is just the place that is full of grace.

즉답이 아니라

오늘도 답을 합니다.
이런 문제 저런 경계에.
찾기 어려운 답도 있고
쉬운 답도 있죠.

답을 못 찾아도 문제지만
답이 너무 많아도 문제죠.
즉답은 위태롭고
이미 갖고 있는 답도 위험하죠.

"단전丹田으로 들어라, 단전으로 말해라."
스승님 말씀이 생각납니다.
설익은 즉답이 아니라
뜸 잘든 온전한 답을 해야죠.

문제가 어려울수록
답하기 전에 뜸을 들여야겠습니다.
1분이라도.

No immediate answer

I give an answer today
to this problem and that sensory condition.
There are answers that are hard to find,
and also there are easy answers.

Not being able to find an answer is a problem,
but also too many answers are problems.
An immediate answer can be dangerous,
and the answer I already have is dangerous, too.

"Listen with Danjeon* and talk with Danjeon."
I recall my master's words.
Not an unripe, immediate answer,
but instead a well-ripened, sound answer.

The more difficult the problem is,
the longer I must wait before answering.
Even if only for a minute.

---

* the center of one's bodily energy located in one's lower abdomen

잠시 죽음

마음을 비우려 해도
도저히 비워지지 않을 때,
그럴 때 '마음을 비운다.'고 하지 않고,
'잠시 죽는다.'고 마음먹습니다.

큰 욕심이 눈앞을 가릴 때 잠시 죽고,
견디기 힘든 치욕 앞에서도 잠시 죽으면 됩니다.
중요한 결정을 내릴 때도 잠시 죽어서 깊이 고요해야죠.

죽음이란 깊은 빔(空)은
까만 밤하늘 같은 거울이 되어서,
빛나는 별들은 남겨둘 것이고,
나머지 것들은 어둠으로 덮어버릴 것입니다.

분별망상에 마음이 요란할 때,
어떤 경계 앞에서 전전긍긍 할 때,
잠시 마음을 멈추고
죽음이라는 거울에 비춰보는 건 어떨지요?

오늘도 틈틈이
잠시 잠깐 죽음에 들어가렵니다.
그래야 좀 잘 살 것 같아서요.

A momentary death

There are times,
when I try to empty my mind but I cannot seem to empty it.
When this happens, I do not say 'empty my mind'
but rather decide to 'die for a moment.'

When greed blinds my eyes, I die for a moment.
When I confront intolerable disgrace, I just die for a moment.
When I make a big decision, I die for a moment and become deeply calm.

Deep emptiness called death
becomes a mirror like the black night sky.
Then it will leave the shiny stars behind,
and cover everything else with darkness.

When my mind is full with discrimination and delusion,
When I am nervous because of a sensory condition,
How about just pausing my mind for a moment,
and reflecting into the mirror called death?

Today, in my spare time,
I will let myself die for a moment.
So that I can live more fully.

그 때

사랑이 미움으로 변하고
미움이 사랑으로 변합니다.

희망이 절망으로 변하고
절망이 희망으로 변합니다.

감사가 원망으로 변하고
원망이 감사로 변하기도 합니다.

변하는 그 때!
그 때가 내 인생이 바뀌는 순간이죠.

미묘한 마음을 깊이 보고 있어야
그 때를 놓치지 않습니다.
그 때를 놓치지 않아야
마음을 다스릴 수 있죠.

그래야, 내 삶을 추스릴 수 있는 거죠.
그리고, 그 때는 바로 지금입니다.

벚꽃은 바람에 흩날리고
내 마음은 경계따라 피고 집니다.

That time

Love changes to hate,
Hate changes to love.

Hope changes to despair,
Despair changes to hope.

Gratitude changes to resentment,
Resentment changes to gratitude.

That time when it changes!
That is the moment of changing my life.

When I look deeply into my delicate mind,
I do not miss that time.
If I do not miss that time,
I can control my mind.

Then I can take care of my own life.
And that time is right now.

Cherry blossoms flow with the breeze,
and my mind blossoms and falls by sensory conditions.

온·생·취 온전한 생각으로 취사하기

―

응용應用하는데
온전한 생각으로 취사하기를 주의할 것이요.

소태산, 상시응용주의사항.

Choice in action with sound thought

—

In all your applications,

be heedful to make choices with sound thought.

Sotaesan, Items of Heedfulness in Daily Applications.

고스란하다

'온전한 생각으로 취사하기'의 첫걸음은 온전함이죠.
'온전하다'는 말을 사전에서 찾았어요.

'본바탕 그대로 고스란하다.'라고
 풀이가 되었더군요.

본바탕 그대로…
고스란하다…

'고스란하다'는 말,
참 아름답습니다.
쉽게 잊혀 지지 않고
마음에서 자꾸 맴돌아요.

어디 물들지 않고,
상처 나지 않고,
타고난 마음 그대로 살아가는
고스란한 나날이 되기를 기원합니다.

아참!
두 번째 뜻풀이는
'잘못된 것이 없이 바르거나 옳다.'이더군요.

Just as it is

The first step of 'choice in action with sound thought' is soundness.
I looked up the word 'sound' in a dictionary.

It was defined as 'being just as it originally is.'

Being just…
As it is…

'Just as it is.'
It sounds really beautiful.
It is not easily forgotten.
It keeps spinning it around in my mind.

I pray that your life will be just as it is,
with your original mind,
untainted by anything,
and unharmed,

By the way!
Another meaning of soundness is 'right or correct without defect.'

고요함

마음을 잘 보면
그 어떤 고요함이 있습니다.
이 고요함은 늘 있습니다.

내가 기뻐하고 슬퍼할 때도
그 안에 자리하고 있습니다.
바빠서 헐떡거리고
짜증내고 화낼 때도 있습니다.
다만 잠간 못 볼 뿐이죠.
처음에는 얼핏 얼핏 보이다가
나중에는 떠날 수 없음을 알게 됩니다.

이 고요함은 시끄러움과 상대되는 것이 아닙니다.
시끄러움이 지나간 다음의 고요함이 아니라,
시끄러움이나 요란함과 함께 하는 고요함이고,
그냥 그 속에 있는 고요함이라고 할 수 있죠.

온전함의 기초는 아마도 이 고요함인 것 같아요.
'온전한 생각으로 취사' 하라는 말씀을
마음에 새기다 든 생각입니다.

Stillness

When I look deeply into my mind,
there is a kind of stillness.
This stillness is always here.

When I am happy or sad, it remains within.
Sometimes I am busy and breathe hard,
or get annoyed and angry,
so I fail to see it for a moment.
At first, I recognized it little by little,
now I realize that it cannot leave me.

This stillness is not opposed to noisiness.
Not the stillness after noisiness,
it is stillness within the noisiness or loudness,
it is simply the stillness that contains all.

The essence of soundness seems this stillness.
I realized this while contemplating
'choice in action with sound thought.'

가만히 보니

파도치는 마음으로 보니
그대가 온전히 보이지 않더군요.

어두운 마음으로 보니
세상도 온통 어두워 보이네요.

욕심에 물든 마음으로 보니
그대도 세상도 비뚤게 보이더군요.

내가 보는 그대와 세상이 온전한지 내 마음을 돌아봅니다.
그리고 내게 주문합니다.
"가만히 보자, 가만히 다시 보자…"

깊은 산 가을 연못이 맑은 하늘을 온전히 담듯이,
새들의 날갯짓을 온전히 안아주듯이, 그렇게 가만히 보아야죠.

가만히 보니,
나도 새롭게 보이고,
그대와 세상도 다시 보이네요.

오늘은 온전한 그대와 세상을 만나는 날입니다.
온전해서 은혜롭고 아름다운…

Upon looking closely

Looking through the surging waves of my mind,
I could not see you in your entirety.

Looking from the darkness of my mind,
You and the world appears dark.

Looking from my greedy mind,
You and the world appear crooked.

I reflect the light inward to see whether you and the world are whole.
And I say gently to myself,
"Look closely, look again closely…"

Look closely, as a deep pond of an Autumn mountain contains the clear sky in its totality, embracing the birds' fluttering wings.

Upon looking closely,
I see myself anew,
and see you and the world whole again.

Today I meet you and the world.
So deeply grateful and beautiful…

케이크 한 쪽

맛있는 케이크 한 조각이 앞에 있습니다.
달콤해서 입에서 살살 녹고
폭신폭신해서 씹을 것도 없죠.
케이크를 보는 순간 이미 마음으로 먹고 있죠.

거듭된 경험과 습관 때문에 그렇지 사실은 '맛있는 케이크'가 아니라
그냥 '케이크 한 조각'으로 보아야 합니다.

먹고 싶다는 마음이 일어나기 전에 한 마음 멈춰야죠.

다이어트를 한다고 케이크를 기피해야 해서
'나쁜 케이크'라고 할 필요도 없습니다.
그냥 '케이크 한 조각'으로 보아야 합니다.

그래야 온전한 마음이 됩니다.
먹고 싶다는 생각도 잠시 멈추고
먹어서는 안 된다는 생각도 잠시 멈추어야
온전한 생각을 할 여유가 생깁니다.

어떤 경계를 만나든지
잠시 멈추는 공부가 필요합니다.
온전한 생각으로 취사하기의 첫 걸음입니다.

A piece of cake

A delicious piece of cake is in front of me.
It is so sweet that it melts in my mouth,
and it is so soft that I don't even have to chew.
As soon as I see this cake, I am already eating it with my mind.

This is because of previous experiences and habits.
Indeed it is not 'a delicious cake' instead just 'a piece of cake'.

I have to stop my mind before my mind wants to eat it.

I don't have to think of it as a 'bad cake'
just because I must avoid it to lose weight.
I simply see it as 'a piece of cake.'

Then, the mind can become sound.
When I stop thinking for a moment of whether I want to eat it
or should not eat it, this will allow me to have sound thoughts.

Whichever sensory conditions I meet,
I must practice to stop and pause.
This is the first step of 'choice in action with sound thought.'

끌림과 온전함

배가 부른데도 빵을 집습니다.
빵에 끌린 것이죠.

예쁜 여성이나 멋진 남성을 자꾸 쳐다봅니다.
외모에 마음이 끌린 것이죠.

좋아하는 사람과의 대화는 길어지고
싫어하는 사람과의 대화는 짧아진다면,
호감과 비호감에 끌린 것이죠.

선거에서 가까운 인연이란 이유로 누군가를 선택했다면
원근친소에 끌린 것이죠.

온전함이란 끌려가는 것이 아닙니다.
끌림에 자유로워야 온전할 수 있죠.
마음이 어디로 끌려가는지 잘 봐야겠습니다.
내 마음이 끌려가는 데로 내 삶도 끌려가기 때문입니다.

끌려가는 삶보다는
끌고 가는 삶을 살아야겠습니다.

Attraction and soundness

Even though I am full, I still pick up bread.
I am attracted to bread.

I keep glancing at a pretty lady or a handsome gentlemen.
I am attracted to their appearance.

If when chatting with someone I like, it becomes longer,
and when chatting with someone I do not like, it becomes shorter,
then I am attracted to good and bad feelings.

If I choose someone in an election just because I am close to him,
then I am attracted to remoteness and closeness, intimacy and distance.

Soundness is not to be attracted.
I can be sound when I am free from attraction.
I should be mindful of where my mind is attracted.
Because where my mind is attracted, is also where my life will be attracted.

We should be leading life rather than being dragged by life.

걱정거리 앞에서

누구든 마음을 풀어헤치면
걱정거리가 한 가득 나올 겁니다.
일마다 곁가지 걱정들이 줄줄이 붙어있죠.
걱정들이 또 새끼를 치죠.
이 걱정들이 한꺼번에 몰려오면
머릿속은 쑤셔놓은 벌통이 되고 맙니다.

걱정거리가 없을 순 없지만
걱정을 잘하는 방법은 있는 것 같아요.

우선, 걱정들에게 잠시 기다리라고 합니다.
아직 만날 준비가 덜 되었다고.
동동거리는 조급한 마음은 도움이 안 됩니다.
온전한 마음부터 챙겨야죠.
그 다음에 걱정들과 다시 만납니다.

두번째, 걱정들을 한 줄로 세웁니다.
선후본말을 따져서 순서를 잡는 것이죠.
소태산 대종사님은
'대소유무 시비이해'라고 하셨죠.

Before worries

Anyone who examines their mind will find it full of worries.
A series of worries are attached to each situation.
These worries give birth to offspring.
If these worries become a crowd, one's head is just a hive of excitement.

We cannot help but have worries,
yet there are ways to handle them.

First, I tell the worries to wait for a while
by saying that I am not yet ready to meet them.
Hurrying and jumping up and down do not help.
I must restore calmness and soundness.
And then I am ready to face the worries again.

Second, I let the worries stand in a row
by analyzing their priorities.
Sotaesan said that this is great and small, being and nonbeing
and 'right and wrong, benefit and harm.'

세번째, 걱정이 아니라 준비를 합니다.
맨 먼저 해결해야 할 걱정거리부터
풀어갈 준비를 합니다.
준비가 충분하면 걱정은 사라집니다.

걱정거리가 한꺼번에 몰려와도
잠시 온전한 마음을 챙기고
걱정들을 차분히 한 줄로 세우고
순서대로 하나씩 차근차근 풀어갑니다.
뒷줄에 있던 걱정들이 새치기하면
제자리를 지키라고 꾸짖기도 해야 합니다.

'걱정'하지 말고 '준비'하시게요.
물론, 도와주시라는 기도와 함께요.

Third, I become prepared instead of worrying.
From the first priority worry,
I prepare to solve it.
Enough preparation eliminates the worries.

Even when the worries flood in,
I restore my sound mind for a while,
by arranging the worries in a line with calmness,
and handling them one by one in order.
When a worry at the back of the line cuts in,
I remind it to wait its turn.

Do not 'worry' but only get 'ready'.
And pray for help, of course.

취사 取捨

어려운 결정을 해야 할 때가 있죠.
생각을 해도 해도
답은 안 나오고 참 답답하죠.

그래도,
'마음이 답이다!'
'온전한 생각으로 취사하자!' 하면서,
마음속으로 들어갑니다.

고민의 끝에서 꼭 마주치는 것.
'무엇을 버릴 것인가?'
'희생할 준비는 되었나?'
아주 간단한 물음입니다.

아무것도 버리지 않고
얻기만 하려는 어리석은 나를
정신 차리게 하는 아픈 물음이죠.

이 간단한 물음에
명쾌하게 답하고 싶습니다.
명쾌한 삶을 위해서.

Choice in action

Sometimes we need to make a difficult choice.
No matter how many times we think about a problem over and over,
we cannot seem to find a solution and so become frustrated.

Nonetheless,
remembering 'mind is the answer!'
and 'let's make a mindful choice in action with sound thought!'
I go into my mind.

At the end of the struggle, I run into exactly the same thing.
"What am I willing to abandon?"
"Am I ready to sacrifice?"
This is a simple question.

This is a sharp question to wake me up from my ignorance,
which tries to get something without giving up anything.

To this simple question,
I would like to answer clearly,
for the sake of a clear life.

좋다 싫다

어떤 사람을 좋아합니다.
그래서 나는 늘 그 사람 편입니다.
그가 하는 일에 늘 찬성합니다.
나도 그 사람에게 원합니다.
내게 잘 해주고,
내 편을 들어주고,
내 일에 찬성해주기를…
이런 마음은 '좋음'에 물든 마음이죠.
온전한 마음이 아닙니다.

좋아하는 마음이 어디서 오는 것인지,
좋아하는 마음이 어떤 결과를 가져오는지,
깊이 보지 못하면 '좋음'의 노예가 되고 맙니다.

하나의 좋음이 백 개의 싫음을 낳고,
그릇된 좋음이 백 개의 옮음을 죽이기도 합니다.
'옳고 그름'을 상실한 '좋다 싫다'는
온전한 생각으로 취사하기를 가로막는 장벽입니다.

'좋다 싫다'에 끌리는 마음을
더 깊이 들여다보아야겠습니다.
끌리지 않을 때까지.

Like and dislike

There is a person I like.
And I am always on his side.
I always agree with whatever he does.
I also expect something from him.
I want him to treat me well, be on my side,
and agree with whatever I do…
This mind is attached to what I 'like.'
This is not a sound mind.

If I do not deeply discern where this mind comes from,
or what results follow after using this mind,
then I become trapped by what I 'like.'

One attachment to what I 'like' gives rise to a hundred things I 'dislike',
Sometimes liking what is 'wrong' will kill a hundred things which are 'right'.
'Liking and disliking' that loses sight of what is 'wrong and right'
creates a barrier that prevents us from making choices with sound thought.

We should deeply reflect upon the mind
that is attached to 'like or dislike'
until we are no longer enticed by either.

화

어떤 일에 화가 났습니다.
화나는 마음을 들여다보았습니다.
뭔가 행동을 하려다
'온전한 생각으로 취사하자'고 되뇌었습니다.

행동하지 않았습니다.
화에 물든 마음은 '온전한 마음'이 아니기에.
드러난 행동은 하지 않았지만
'하지 않는' 행위를 취한 셈이죠.

일단 멈추기는 잘 한 것 같습니다.
화가 녹으면서 안타까움으로 변하고 있으니까요.

어떻게 온전한 생각으로 취사해야 할지
틈틈이 생각하고 있습니다.
아직도.

Anger

I was angry at something.
I looked into my angry mind.
I was about to act out
but instead I repeated to myself, "make choices in action with sound thought."

I did not take action.
Because an angry mind is not 'sound thought.'
I did not take any noticeable action,
but I did act by 'not doing.'

It was a good choice to stop.
My anger is now gone and has turned into regret.

I am still thinking of how to make choices in action with sound thought in all my spare time.

온전한 생각으로 취사하기

할까, 말까? 살까, 말까? 먹을까, 말까?
만날까, 말까? 도장을 찍을까, 말까?

소태산 대종사님은 말씀하셨습니다.
'온전한 생각으로 취사'하라고.
취사取捨란 취하고 버리는 것.
취사를 잘해야 행복한 인생이 가능하다고.

오늘도 맞닥뜨릴 수많은 선택의 기로에서
무엇을 버리고, 무엇을 취할까요?
끝없이 마음속으로 중얼거립니다.
"온전한 생각으로 취사하자"
'제 정신'으로 살기 위한 '마음 챙김'이죠.

저랑 함께 중얼중얼 해보시죠.
"온전한 생각으로 취사하자,
온전한 생각으로…"

Choice in action with sound thought

Do it, or not? Buy it, or not? Eat it, or not?
Meet him, or not? Sign it, or not?

Sotaesan said,
'Let's make choices in action with sound thought.'
Choice in action is gaining and throwing away.
Making choices in action well will empower a happy life.

I may have to make many choices today,
What should I discard and what should I keep?
I continually mumble to myself,
"Let's make choices in action with sound thought"
'Take care of the mind' to live 'sanely.'

Feel free to mumble with me.
"Let's make choices in action with sound thought,
with sound thought…"

사이좋은 · 恩

—

유념할 자리에는 반드시 유념하고
무념할 자리에는 반드시 무념하여
서로 사귀는 사이에
그 좋은 인연이 오래 가게 할지언정
그 인연이 낮은 인연으로 변하지 않도록 주의할지어다.

소태산, 인도품 16장.

In good relationship

—

Be mindful when you should be mindful

and be free of thoughts when you should be free of thoughts.

In your mutual ties,

you must try to sustain good relationships for a long time,

and take care that those relationships do not turn into inferior ties.

Sotaesan, The Way of Humanity 16.

당신과 나 사이에

당신과 나 사이,
마음을 가라앉히고 가만히 봅니다.

당신과 나 사이에 무엇이 있나요?

업무?
돈?
호감?
알 수 없는 미움?
갈등?
사랑?
주고받았던 상처의 기억?
아름다운 추억들?
……

서로의 사이를 유심히 보는 것.
그것만으로도 은혜롭습니다.
그것만으로도 훌륭한 마음공부죠.

당신과 나 사이에 있는 그 무언가를 깊이 보아야겠습니다.
'사이'를 잘 보는 것이 곧
나와 당신을 잘 보는 것일 겁니다.

Between you and me

Calming my mind,
I look into the space between you and me.

What exists between you and me?

Business?
Money?
Good feelings?
Hatred with unknown causes?
Conflict?
Love?
Hurtful memories?
Beautiful memories?
……

Carefully observing between each other.
Just doing this is enough gratitude.
Just doing this is a wonderful mind practice.

We must look deeply into what exists between you and me.
Looking into this 'relationship' carefully is
a way to know both you and myself well.

사이좋은·恩

선택해보세요.
껄끄러운 사람과 꽃길을 걸으실래요?
좋아하는 사람과 자갈밭을 걸으시겠어요?
꽃길을 가도 불편하고 고통스러울 수 있고,
자갈밭을 가도 기쁘고 행복할 수 있죠.

사람을 인간人間이라고도 하죠.
'사이'間에 존재하는 것이 사람(人)인거죠.
가만히 보면, 사이좋은 사람이 행복합니다.
가족들과 사이좋은 사람, 직장 동료들과 사이좋은 사람,
동네 강아지와 사이좋은 사람, 나와 나 사이도 좋은 사람…

소태산 부처님이 가르쳐주셨습니다.
'없어서는 살 수 없는' 관계가 은恩이니,
천지님과 사이좋은, 부모님과 사이좋은,
동포님과 사이좋은, 법률님과 사이좋은,
그런 삶이 은혜롭고 행복한 삶이라고.

인간은 관계에 다름 아니죠.
관계들이 은혜롭고 아름답기를,
사이좋은 삶으로 행복하기를 기원합니다.

In good relationship

Make a choice.
Do you want to walk on a flowering path with someone you dislike?
Or do you want to walk on a gravel road with someone you like?
Walking on a flowering path can be uncomfortable and painful,
whereas walking on a gravel road can be delightful and joyful.

People(人) are called human beings(人間).
What exists 'between(間)' is people(人)
When we observe carefully, a person in good relationship is happy.
A person on good terms with family, a person on good terms with colleagues,
A person on good terms with the neighborhood dog,
A person on good terms with myself…

Master Sotaesan said,
'A relationship in which we cannot live without the other' is grace,
in good relationship with heaven and earth, in good relationship with parents,
in good relationship with fellow beings, in good relationship with laws,
this kind of life is a graceful and happy life.

Humans are nothing without relationships.
I pray for all relationships to be graceful and beautiful,
to be on good terms with life.

서로 기대기

나는 혼자라고 생각하는 것은 착각입니다.
나는 혼자 살 수 있다고 생각하는 것도 착각입니다.
나는 이미 혼자가 아니고,
나는 결코 혼자서는 살 수 없습니다.

나는 수많은 인연들과 얽혀있는 존재이고,
우주만유와 하나인 존재입니다.
나는 지금도 누군가의 도움으로 살아가고 있고,
우주만유의 은혜 속에서 살아가고 있습니다.

나는 지금 혼자 서 있는 것이 아니라,
누군가에게 기대고 있습니다.
그 누군가도 혼자 서 있는 것이 아니라,
내게 기대고 있습니다.
우리는 서로가 서로에게 기대고 있습니다.

우리는 서로 기댈 수밖에 없는 존재입니다.

기댈 수밖에 없다면,
나도 너에게, 너도 나에게 잘 기대야겠죠.
편안하게, 든든하게.
그 편안한 기댐 속에 우리의 행복도 기댈 것입니다.

Leaning on each other

It is a delusion to think that I am alone.
It is also a delusion to think that I can live alone.
I am already not alone.
I can never live alone.

I am interconnected with countless beings
and I am one with all things in the universe.
I am living with the help of someone else even now,
and living within the grace of all things in the universe.

I am not standing alone, but am leaning on someone else.
That someone is not standing alone either, but is leaning on me.
We are leaning on each other.

We are beings who cannot help but lean on each other.

If we cannot help but lean on each other,
then I should lean on you as well as you should lean on me.
Comfortably and fully.
In that comfortable leaning, our happiness shall grow.

깊어지고 있는지

만날수록 깊어지는 관계도 있고,
얕은 바닥이 드러나는 관계도 있습니다.

가까이 하고 싶은 인연이 있고,
부담스러운 인연도 있습니다.

상처를 주고받는 것도,
기쁨을 주고받는 것도,
가까운 인연들 사이에서 주로 이뤄지죠.

인연들과의 관계를 잘 살펴보면
내 삶도 보이는 것 같아요.

'복 중에는 인연 복이 제일이요
인연 중에는 불연佛緣이 제일이니라.'는
정산鼎山 종사님 말씀이 떠오릅니다.

오늘은 이 말씀이
'마음 깊은 곳으로 내려가라,
거기서 마음으로 만나라.'는 말씀으로 들립니다.

오늘 나는 깊어지고 있는지…

I am deepening

There are relationships that grow deeper with every encounter,
and relationships that only expose a shallow root.

There are affinities that urge me to get closer,
and affinities that are rather burdensome.

The wounds that we give and receive,
the happiness that comes and goes,
happen mainly between close affinities.

When I examine the relationships with my affinities,
I receive insights into my life.

Master Chongsan's words come to mind:
'The blessing of good affinity is the best of all blessings,
and the Buddhist affinity is the best of all causal affinities.'

Today, his words come to me as,
'Go deeply into your mind,
and meet yourself there with your mind.'

I am deepening today…

가만히 있어도

별 말 없이, 가만히 있어도,
나로부터 무언가 나가고 있습니다.

입으로 말하지 않아도
마음은 말하고,
몸을 움직이지 않아도
기운은 퍼져나가고 있죠.

내 깊은 마음이 무엇을 말하고 있는지,
내 기운이 어떤 색깔인지,
깊이 듣고, 잘 봐야겠습니다.
바로 그것이 주위에 전해지기 때문입니다.

내 기운을 바로 하고,
내 마음을 온전하게 하는 공부는
누군가를 만나기 전에도,
만나서 대화를 할 때에도,
만나고 나서도 해야 할 공부죠.
해보면 좋은데, 익히기 쉽지 않습니다.

혼자 가만히 있을 때 잘 있어야
여러 사람과 사이좋을 수 있는 것 같습니다.

Even while being still

Without saying anything, even while being still,
something is coming out from me.

Even though I do not speak with my mouth,
my mind is talking, and
even though I am not moving,
my energy is spreading.

I should pay attention and listen deeply
to what my mind is saying,
and what the color of my energy is.
Because these are things that are transmitted through me.

Balancing my energy,
and making my mind sound are the practices
that I must do before meeting someone,
when I am talking to someone during a meeting,
and also after finishing the meeting.
It is good to do this, but not easy to practice.

When I am well, even while being still,
I can be on good terms with other people.

싫어하는 이유

그 사람을 싫어합니다.

자칫하면,
싫어하고 있는지도 모를 수 있습니다.

내 마음을 깊이 보지 않으면
내 감정조차도 놓치기 쉽습니다.

그래요, 그 사람을 싫어합니다.
그런데, 그 이유는 무엇인거죠?

혹시, 그 이유가 명확하지 않다면,
그를 싫어하는 내 마음은 과연 온당한 것인지…

아직도 그 싫은 이유를 찾지 못했다면,
그와 나 사이는 어떻게 회복해야 할지…
막막할 수밖에 없습니다.

'싫음'은 '좋음'과 맞닿아 있고,
나와 너도 어떻게든 서로 닿아 있죠.
그리고 그 '사이'에는
깨달아야 할 것이 참 많습니다.

Why I hate

I hate that person.

But in many cases,
I might not even realize the fact that I hate.

If I do not know my mind deeply,
then I might even miss my own feelings.

Yes, I hate that person.
However, what is the reason?

Maybe if I am not sure of the reason,
then my mind hating him is not really right…

I still haven't found the reason why I hate,
How to recover the relationship between him and me…
I do not know what to do.

'Hate' is in relation to 'like,'
between you and me is a relation somehow.
And in this 'between' there is great potential for enlightenment.

모든 일의 끝

일을 하다보면 일만 볼 수 있죠.
큰 일 입니다.

하던 일을 잠시 멈추고 돌아봅니다.
내가 하는 일의 궁극의 목적은 무엇인지,
세상 모든 일들의 목적은 또 무엇인지…
결국 행복하자고, 사이좋게 잘 살자는 것 아닐까요?

모든 일의 끝에는 '사람'이 있고,
모든 일의 과정도 '사람'입니다.

일을 하면서 인간관계가 틀어지고,
일 끝에 회복하기 힘든 상처가 남는다면,
그 일은 결국 불행하기 위한 어리석은 노력에 불과합니다.

일을 잘 한다는 것은,
사이좋은 인간관계를 전제로 합니다.
일만 잘하는 사람은 끝내 실패합니다.
그리고 불행해집니다.

모든 개인의 비롯도 사람이고, 모든 조직의 비롯도 사람입니다.
사람들이 사이좋은 삶을 살았으면 좋겠습니다.

End of all work

When you work, you can see only work.
That can be a serious problem.

Stop what you are doing for a moment and look around.
What is the ultimate purpose of what you do?
what is the purpose of all the work in this world…
After all, isn't it to live happily and get along with each other well?

There are 'humans' at the end of all work.
The process of all work involves 'humans.'

While working, if relationships are strained,
and if you get wounds that are hard to heal from such working,
then that work is just a foolish means of unhappiness.

Working well
is based on the premise of good relationships.
A person who only works well will fail and be unhappy along the way.

The essence of every individual comes from relationships,
the essence of all organizations comes from relationships.
I hope everyone lives a life filled with good relationships.

마음 등불

마음이 어두운 이를 만나면
내 마음도 어두워집니다.
마음에 상처가 많은 사람을 만나면
내 마음도 쓰리고 아픕니다.
마음이 밝은 사람을 만나면
별말이 없어도 내 마음도 환하게 밝아집니다.

내가 화를 내면
당신 마음도 편안치 못하고,
내가 우울해하면
당신 마음도 밝지 못하겠지요.
내가 불행한데
당신만 행복할 수는 없겠지요.

내 마음에 꺼지지 않는
등불 하나 밝히고
환한 마음으로 오늘을 살고 싶습니다.
나도 환~하고 당신도 환~하게!

Mind lamp

When I meet someone with a dark mind,
my mind becomes dark too.
When I meet someone with a wounded mind,
my mind also stings and hurts.
When I meet someone with a bright mind,
my mind brightens itself.

When I am angry,
then your mind will not feel good.
When I am depressed,
then your mind will not be bright.
When I am unhappy,
then you will not be happy.

I want to live today with a bright mind,
and with a lamp in my mind that will never turn off.
I am shining~ and you are also shining~!

다른 것도 은혜

오랫동안 불화하는 부부를 보면서
'도대체 왜 저 부부는 불화할까?'라는
질문을 던져보았습니다.
가만히 살펴보니 모두 '달라서' 문제더군요.

성격이 달라서, 습관이 달라서
취향이 달라서, 학벌이 달라서
환경이 달라서, 종교가 달라서…
달라서, 달라서, 달라서…

그런데 이 세상 어느 것도 같은 것은 없습니다.
남자는 여자와 다르고, 동물은 식물과 다릅니다.
심지어 쌍둥이도 서로 다릅니다.
가만히 생각해 봅니다.
세상에 같은 것만 있다면 정말 이상하겠지요.

다르다는 것은 서로 불편한 이유가 되기도 하지만
사실은 재미있게 살아갈 수 있는 이유이기도 합니다.
하나도 같은 것이 없는 이 우주 속에서,
다르다는 것, 생각할수록 큰 은혜입니다.

Being different is grace, too

I noticed a couple quarreling for a long time and
wondered 'Why on earth do they quarrel?'
I contemplated and realized it was all because of 'differents'.

Because of different personality, because of different habits,
because of different taste, because of different schools,
because of different environment, because of different religion…
different, different, different…

However, nothing is exactly the same in this world.
Men and women are different, animals differ from plants.
Even identical twins are different.
I think for a while.
It would be so strange if everything in this world was the same.

whereas being different can be a reason for inconvenience,
it is actually also the reason why we can live happily.
In this universe, nothing is exactly the same.
The more I think about it, being different is grace, too.

따

'따다'라는 말을 찾아봤습니다.
'따'라는 의미가 궁금해서요.
'붙어 있는 것을 잡아떼다.'
'찾아온 사람을 핑계를 대고 만나지 않다.'
'싫거나 미운 사람을 돌려내어 일에 관계되지 않게 하다.'
이런 풀이가 사전에 있네요.

마음을 들여다봅니다.
내 맘에 들지 않는다고,
내게 별로 도움이 되지 않는다고,
내 방식과 맞지 않는다고,
나로부터 누군가를 따고 있지는 않은지.

내가 누군가를 따내는 만큼,
'따'시키는 만큼,
동시에 나도 그로부터 따내어지고 '따'당하는 것인데…

우리 모두는 '서로 없어서는 살 수 없는' 은恩의 관계로 맺어져 있는데,
뗄 수 없는 것을 떼어내면서
서로 아파하고 외로워하는 것 같아요.
자꾸 따버리는 삶이 아니라,
끝까지 함께하는 삶을 살아야겠습니다.

Estrangement

I looked up a word in the dictionary 'estrange.'
I was curious about the meaning of 'estrangement.'
'To take off something attached,'
'Not to meet a visitor due to an excuse,'
'Disassociate from someone you dislike by deceiving.'
These definitions are listed in the dictionary.

I am checking my mind to see whether or not I exclude someone from me
because I do not like them,
because they are not helpful to me,
because their style does not satisfy mine.

To the extent that I 'estrange' someone from me,
that I exclude someone from me,
I am also 'estranged' and excluded from them…

We are all interrelated through grace, 'without which we cannot live,'
and we become hurt and lonely when we try to deny something which
cannot be disconnected.

Instead of living a life of estrangement,
Let's live a life of togetherness.

사이좋은 남과 북

원기 103년 4월 27일
정성을 모아 일간신문에 큰 광고를 했습니다.
'사이좋은 남과 북!'이라고.
'2018 남북정상회담의 성공을 기원합니다.'라고.
'지금 이 나라는 점진적으로 어변성룡魚變成龍이 되어가고 있나니라.'라는
소태산 스승님의 법문과 함께요.

'사이좋은'의 '은'은
그냥 은이 아니라 '은혜 은恩'입니다.
'없어서는 살지 못할 관계'로
우주만물이 서로 맺어져 있음을 의미하는
소태산 부처님의 핵심 사상이죠.

천지님과 사이좋은,
부모님과 사이좋은,
동포님과 사이좋은,
법률님과 사이좋은 삶을 꿈꿉니다.
사이좋은 삶이 은혜로운 삶이고 행복한 삶이죠.

North and South on good terms

April 27th, Won Buddhist Era 103.
We posted a big advertisement in a daily newspaper with all our heart.
saying, 'North and South on good terms'
'We wish a ssuccessful Inter-Korean Summit.'
With Master Sotaesan's saying,
'Right now this country is gradually transforming from fish to dragon.'

'Grace' from 'on good terms' is not just 'grace,' but 'grateful grace' and same as 'a relationship in which we cannot live without the other,' and this is an essential teaching of Master Sotaesan, meaning all things in the universe are related.

I dream of life
on good terms with heaven and earth,
on good terms with parents,
on good terms with fellow beings,
on good terms with laws.
Living on good terms is a graceful and happy life.

'물질 위주로 균등 사회가 되겠는가,
공도 정신이 골라져야 균등 사회가 되고,
투쟁 위주로 평화 세계가 되겠는가,
은혜를 서로 느껴야 참다운 평화 세계가 되나니라.'는
정산 스승님의 말씀이 새롭습니다.

은혜가 평화입니다.
사이좋은 남과 북을 간절히 기원합니다.

The words of Master Chongsan renew me:
"With materialism predominating, can an equal society ever be realized? Public-spiritedness must become prevalent before an equal society can be realized. Can a peaceful world be realized through constant struggle? Beneficence must be mutually experienced before a truly peaceful world can be realized."

Grace is peace.
I pray for North and South Korea to be on good terms.

은恩

은혜 은恩!
'사이좋은'이라고 풀어봅니다.

가까운 사이일수록
관계가 틀어지기 쉽고
불편해지기 쉽습니다.
부부, 가족, 친구, 애인, 직장 동료…
행복은 이들 가까운 인연들과
얼마나 '사이좋은' 관계인지에 좌우됩니다.

나를 둘러싼
천지님과 사이가 좋은지,
부모님과 사이가 좋은지,
동포님과 사이가 좋은지,
법률님과 사이가 좋은지,
찬찬히 돌아봅니다.

은혜를 '없어서는 살지 못할 관계'로 말씀하신
소태산 스승님의 가르침은
늘 내 곁에 있습니다.

나와 너 '사이'에…

Grace

Graceful grace!
I interpret as 'in good relationship.'

The closer we are to each other,
the easier it is to fall out, and be uncomfortable.
Couples, family, friends, loved ones, colleagues…
Happiness depends on how much we are 'on good terms'
with all our relations.

I consider whether I am
in good relationship with heaven and earth,
in good relationship with parents,
in good relationship with fellow beings,
in good relationship with laws,
around me.

Master Sotaesan's teaching about grace as 'a relationship in which we cannot live without the other' remains with me.

'Between' you and me…

은·하·수 은혜로운 하루 수행

―

대종사 좌선 시간에 선원에 나오시어
대중에게 물으시기를
그대들이 이와 같이
오는 잠을 참고 좌선을 하고 있으니
장차 무엇을 하려 함인가…

소태산, 수행품 13장.

Grateful daily practice

—

The Founding Master appeared during a seated-meditation session
at the meditation hall and asked the congregation,
"What goal do you have in mind
while sitting in meditation and resisting drowsiness…

Sotaesan, Practice 13.

흔한

늘 자던 집에서 눈을 뜹니다.
가족들은 늘 옆에 있고요.
흔한 하루의 시작이죠.

그저 그런 반찬에 밥을 먹고
일터로 나가죠.
흔한 일상입니다.

여름 더위에 투덜거리고
휴가 계획도 짭니다.
흔한 삶의 풍경이죠.

누군가를 좋아하기도 하고
누군가를 미워하기도 하죠.
흔한 일이죠.

오늘, 그 흔한 하루를 시작합니다.

경이로운 삶의 신비와
은혜와 감사가 숨어있는
그 흔한 하루!

Ordinary

I wake up in the house I always sleep in.
My family is always next to me.
It is the start of an ordinary day.

I eat my meals with mediocre side-dishes and head off to work.
It is an ordinary day.

I complain about the summer heat and plan my vacation.
It is an ordinary part of life.

I like someone or I hate someone.
It is a common thing.

Today, I start an ordinary day.

An ordinary day!
A day in which the mystery,
grace and gratitude of a wonderful life are hidden.

깨어나기

기억해보시죠.
오늘 아침, 잠에서 깨어날 때를.
그 때,
최초의 한 마음이 무엇이었지?
기분은 어땠더라?
몸의 상태는 어땠지?
일어나서 처음에 한 일은 무엇이었더라?

오늘 하루는 그렇게 시작되고,
오늘 나는 그렇게 새 삶을 시작합니다.
오늘 내가 맞이하는 하루는
전에도 없었고, 다시 오지 않는 유일한 하루입니다.
형언할 수 없는 신비와 은혜의 하루입니다.

소태산 스승님께서는
죽었다가 다시 태어나는 것이
마치 잠에서 깨어나는 것과 같다고 하십니다.

내 몸도 내 마음도 오늘 아침 새로 부활했습니다.
깊은 잠에서 깨어났고 마음도 새로 깨어났습니다.

지금 이 순간이 깨달음과 은혜의 한 복판입니다.

Waking up

Try to remember.
This morning, when you woke up.
At that time,
what was first on your mind?
How was your mood?
How was your body?
What was the first thing you did after you got up?

Today begins like this.
Today I start my new life.
Today, this one day that I greet
is the only day that has never existed before, and that will never come again.
It is a day of ineffable mystery and grace.

Master Sotaesan said,
"To die and be reborn again
is like waking up from sleep."

My body and my mind are reborn this morning.
I woke up from a deep sleep and my mind has also awakened.

This moment, right now, is the fountain of enlightenment and grace.

온 세상과 아침 인사

잠에서 깨어나면
나도 깨어나고, 세상도 깨어나죠.
나를 향해 인사하고, 세상을 향해 인사합니다.
몸과 마음을 가지런히 하고
법신불 일원상 앞에서 두 손을 모읍니다.

일원상(○)은 온 세상, 모든 존재입니다.
아직 잠자고 있는 사랑하는 가족이고,
종일 함께 부대끼는 직장 동료들이고,
이름 모를 이 세상 사람들입니다.
여명을 깨우는 새들과 숲 속의 짐승들이죠.
깊은 바다를 헤엄치는 물고기들과 땅 속 미물들입니다.
바람같이 떠도는 영혼들입니다.
삼세를 책임지는 부처님들과 성현님들입니다.
과거와 현재와 미래의 내 부모님들입니다.
내가 기억 못하는 과거와 내가 가보지 못한 미래이고,
내 상상이 닿지 못하는 우주 끝까지입니다.

온 세상을 향해 인사합니다. 반갑고, 감사하다고.
나와 그들의 행복을 기원하며,
정화수 같은 맑은 마음을 온 세상에 바칩니다.
그렇게 은혜 가득한 하루를 시작합니다.

Morning greetings to the whole world

Waking up from sleep,
I wake up, and the world also wakes up.
I greet myself, and I greet the world as well.
Centering my body and mind,
I join my palms together in front of the Dharmakaya Buddha, Il-Won-Sang.

Il-Won-Sang (○) represents the whole world, and all beings.
Il-Won-Sang includes my lovely family still asleep,
My colleagues at their workplace, and
Anonymous people in this world.
It also includes birds and beasts in the woods awakening at dawn,
Fish swimming in the deep ocean and miniature creatures underground,
Souls floating upon the wind.
Buddhas and sages in charge of the three temporal worlds,
Parents of the past, present, and future.
It is the past which I cannot remember, the future I haven't yet experienced, and
The boundless universe, beyond my comprehension.

I greet the whole world, whispering gladness and gratitude.
Wishing happiness for myself and others,
to the whole world, I offer my serene mind like pure well-water.
In this way, I start my day full of gratitude.

출근하기 전에

출근이나 등교하기 전에 해야 할 것.
식사도 거르지 말고, 이도 닦고, 화장실도 다녀와야죠.
또, 잊지 말아야 할 것이 있죠.
'인사하기'입니다.

우선 집안의 가장 큰 어른에게 인사를 해야죠.
진리의 상징인 법신불 일원상(○) 앞에서
공손히 합장하고 잠시 마음을 모아 인사합니다.
기독교인은 십자가 앞에서, 불교인은 불상 앞에서 해야겠죠.

그리고 가족들과도 인사해야죠.
이왕이면 손도 잡고, 따뜻하게 포옹도 하고,
'고마워!', '사랑해!', '잘 다녀올게요!'라고 인사합니다.
소중한 인연들과 나누는 따뜻한 인사는
언제나 가슴 뭉클한 행복입니다.
인사? 1분이면 충분하죠.

곳곳이 부처님이란 처처불상處處佛像의 가르침은
소박한 가족 사이의 인사에서 시작됩니다.
이제 은혜와 깨달음으로 가득한 세상,
부처님들이 가득한 세상으로 나아갑니다.

Before going to work

Before going to the office or to school,
I have to eat breakfast, brush my teeth, and go to the bathroom.
Also, there is one thing I should not forget.
It is 'greetings.'

First of all, I should greet the eldest senior in my family.
I greet in front of the Dharmakaya Buddha Il-Won-Sang(〇), a symbol of truth, bringing my mind and palms together.
A Christian would do this in front of the cross, and a Buddhist, in front of a Buddha statue.

And we should also greet family members.
Let's hold their hands, embrace them warmly and
I greet saying 'Thank you!,' 'I love you!,' and 'See you!'
When I exchange greetings with my precious people,
there is always happiness within my heart.
How long to greet? One minute is enough.

The teaching of everywhere is a Buddha image
starts with simple greetings to family members.
Now I go out into the world full of grace and awakening,
the world full of buddhas.

무엇을 잡을 것인가

고기가 물지 않자 한 낚시꾼이 묻습니다.
"물고기가 다 어디로 간 거야?"
옆에 있던 낚시꾼이 무심히 답합니다.
"물에 있어."
재미있고 지혜가 번득이는 답입니다.
오늘 하루 세상으로 나서면서,
무엇을 잡아야 할까요?
잡으려는 그 무엇은 이 세상에 있겠죠.
마치 물고기가 물에 있듯이.

대산 스승님은 두 가지를 잡으라고 하십니다.
"진리가 우리에게 두 개의 눈을 주신 이유가 있다.
그 하나는 조용히 안으로 자기의 마음을 보라는 뜻이고,
또 하나는 밖으로 은恩을 발견하라는 뜻이다.
안으로 자기의 마음을 보지 못하고
밖으로 은혜를 발견하지 못하고 간 사람은
별스럽게 살고 갔다 하더라도 잘 살고 간 사람은 아닐 것이다."

오늘 세상으로 나서면서 유념해야 할 것.
'마음'과 '은恩'입니다.
다 놓쳐도 두 가지는 놓치지 말아야 합니다.
그러면, 집으로 돌아오는 길이 보람으로 가득할 것입니다.

What to catch

When the fish did not bite, a fisherman asked.
"Where have all the fish gone?"
The other fisherman replied casually.
"Into the water."
A funny and wise answer.
As we navigate our lives in the world today,
What should we catch?
There is something in this world that I try to catch.
Just as fish live in the water.

Master Daesan said that we need to catch two things:
"Truth has given us two eyes for a reason.
One eye quietly reflects the light inward with the mind,
The other eye projects outward in the world to discover grace.
A person who neither looks inward with the mind nor outward to discover grace cannot be said to have lived a good life."

As you move about in the world today, the things to be mindful of
are your 'mind' and the 'grace' that surround you.
Even if you miss out on other things, you must remember these two things.
That way, the journey back home will be filled with meaning.

오늘을 산다

오늘!
바로 오늘을 삽니다.
내가 새 몸으로 태어난 날도 오늘이요,
내가 이 몸을 벗어날 날도 결국 오늘이니.

어제는 분명 오늘이었고, 내일은 또 다른 오늘일 것입니다.
전생, 현생 그리고 내생,
시방세계, 삼천대천세계를 오늘에 담습니다.

어제는 흘러갔고, 내일은 아직 오지 않았는데,
법신불 사은님은 저에게 오늘을 주시네요.
소중한 선물처럼 당신의 마음을 담아.
오늘 하루는 단 한 번이니, 잘 살아보라고,
신비로움 가득한 하루를 베풀어주십니다.

그저 그런 하루가 아니라,
무엇과도 바꾸지 않을 오늘,
무량한 은혜로 벅찬 하루, 눈부신 깨달음의 오늘을 맞이하렵니다.

괜스레 혼자 약속합니다.
한 평생이 아니라, 오늘 하루를 잘 살겠다고.

I live today

Today!
I live this very day!
Today is the day I am born with a new body,
after all, today is the day I will be free from this body.

Yesterday was certainly today, tomorrow will be another today.
I put past life, present life, and future life,
the world of the ten directions, and the world systems of the trichiliocosm
into today.

Yesterday has passed, tomorrow has not yet arrived,
but Dharmakaya Buddha Fourfold Grace gives me today,
like a precious gift within the mind.
I am given today, which is full of mystery,
to live well, since today is the only day.

Today is not just any other day.
I will not change today for anything.
A day full of boundless grace, I will greet today with a bright mind.

I just promise myself,
that I will live today well.

은혜 속으로

출근을 앞두고 마음이
무겁고 답답하신가요?

해야 할 의무와 책임,
시간에 쫓기는 괴로움,
만나기 싫은 인연과의 대면,
땀방울보다 턱없이 가벼운 보상,
취향과 맞지 않는 분위기…
우리 마음을 무겁게 하는 것들입니다.

직장으로 출근하지 않고 은혜 속으로 출근하는 겁니다.
세상이 내게 베푼 은혜에 '보은'으로 응답하는 것이죠.
세상을 사랑하는 방법이죠.
마음가짐의 작은 변화가 새로운 행복을 불러옵니다.

은혜 한복판으로 출근합시다!
혹시 출근해서도 은혜를 못 만나면
출근 잘못한 거죠.
허허…
이미 출근 전에도 은혜 한복판입니다.
오늘도 '한마음' 바꿔볼까요?

Into the grace

Do you feel heavy and stuffy
before going to work?

Duties and responsibilities,
The stress of being pressed for time,
A meeting with someone you want to avoid,
Compensation less than your worth,
An atmosphere that does not suit your taste…
Things that weigh you down.

Return to grace instead of going to work.
I repay with gratitude for the grace, which I have received from the world.
It is a way to love the world.
A small shift in the mind brings refreshing happiness.

Let's go to work in the middle of grace!
If you cannot encounter grace in the workplace,
then you took a difficult detour.
Haha…
I am already in the middle of grace before going to work.
Shall we shift our mindset today?

혹시 빠뜨린 것

눈 뜨고 일어나기,
화장실 가기,
이 닦기,
세수하기,
스마트폰 보기,
아침 챙겨 먹기,
출근하기,
사람 만나기,
업무하기,
전화하기,
점심 먹기,
컴퓨터 보기,
업무하기,
간식 먹기,
퇴근하기,
잠자기…

반복되는 일상 속에서
내가 꼭 구하고자 한 것이 무엇이었더라?
혹시 뭔가 빠뜨린 것은 없나?
정말 중요한 것을 잊고 있는 건 아닌지 돌아봅니다.
오늘 하루가 무섭도록 소중합니다.

Something missing

Getting out of bed,
Going to the bathroom,
Brushing my teeth,
Washing my face,
Checking my smartphone,
Having breakfast,
Going to work,
Meeting people,
Working,
Making phone calls,
Having lunch,
Using a computer,
Working,
Having a snack,
Going back home,
Sleeping…

In my routine daily life,
What did I actually set out to achieve?
Is there something missing by chance?
I reflect upon whether I forgot what is really important.
This day is incredibly precious.

단순한 하루

일하고,
공부하고,
쉬기.

하루를 나눠보면 이렇죠.
세 꼭지를 벗어나지 않습니다.

일 잘하고,
공부 잘하고,
잘 쉬면,
훌륭하고 행복한 하루죠.

물론 이 세 가지 일과는
마음공부라는 그릇에 하나로 담기죠.

오늘 할 것은 딱 세 가지 뿐이고
일생에 할 것도 딱 세 가지 뿐입니다.
하나로 뭉치면 마음공부이고.

A simple day

Work,

Study,

Rest.

When you divide a day like this,
it never diverts from these three points.

Work well,

Study well,

Rest well.

In that way, it is a wonderful and happy day.

Of course, these three ingredients
are put into one bowl of mind practice.

There are only three things to do today,
and there are only three things to do in life.
Altogether, it is mind practice.

잠자기와 인과의 이치

늦게 자면 늦게 일어납니다.
일찍 자면 일찍 일어납니다.

잠을 설치면 아침에 찌뿌드드하죠.
깊이 잘 자면 아침에 개운합니다.

욕심과 걱정에 시달리다 잠들면 꿈도 심란하죠.
마음 비우고 잠들면 꿈도 없이 편안합니다.

옷을 아무렇게나 벗어놓고 잠들면 깨어나서도 그대롭니다.
옷을 가지런히 벗어놓고 잠들면 깨어나서도 가지런합니다.

더러운 방에서 잠들면 더러운 방에서 깨어나고,
방 청소를 하고 잠들면 깨끗한 방에서 아침을 맞이합니다.

풀어진 마음으로 잠들면 아침에 일어나기 힘들죠.
마음을 챙겨서 잠들면 정해진 시간에 일어나집니다.

빈둥거린 날은 잠도 꿀잠이 아닙니다.
보은으로 땀 흘린 날의 잠은 맛난 꿀잠이죠.

Sleeping and the Principle of Cause and Effect

If you go to bed late, then you get up late.
If you go to bed early, then you get up early.

If you cannot fall asleep, then you feel drowsy and heavy.
If you sleep well, then you feel refreshed.

If you are stressed by desires and worries, then you are disturbed by your dreams while sleeping.
If you let go of things from your mind and go to sleep, then you feel at ease even within a dream.

If you go to sleep with your clothes not arranged, then you will not find the clothes arranged when you get up.
If you go to sleep with your clothes arranged, then you will find the clothes arranged when you get up.

If you go to sleep in a dirty room, then you will find yourself getting up in a dirty room.
If you go to sleep after cleaning up your room, then you will find yourself greeting a new morning in a clean room.

사심잡념에 시달린 날의 잠은 거칠고 얕습니다.
마음공부 잘 한 날의 잠은 선禪처럼 깊고 평화롭습니다.

오늘 잠들기 전에 챙겨야 할 일들은
내일 아침을 위한 일들입니다.
생활도 잠도 하나로 이어져있습니다.

If you go to sleep with your mind too lax, then you experience difficulty getting up in the morning.
If you go to sleep with your mind heedful, then you can easily get up at the time you set.

On a day you are idle, you will not sleep deeply.
On a day you work hard with gratitude, you will sleep soundly.

When you are stressed by selfish, wandering thoughts, your sleep is rough and shallow.
When you are meditative and mindful, your sleep is deep and peaceful.

The things I need to prepare before sleeping tonight
are the things that are ready tomorrow morning.
My daily life and sleep are interconnected in oneness.

열반 연습

제 때 잠자기. 얼마 전까지의 유무념 조목이었습니다.
해보니 쉽지 않더군요.
잘 때가 되었는데도 컴퓨터를 끄지 못하거나
뭔가를 하게 되더군요.
누워서도 핸드폰을 만지작거리기도 하고요.

결국은 공부의 강도를 높였습니다.
유무념 조목의 제목을 바꿨죠.
'열반 연습'이라고.
죽는다, 열반에 든다고 마음먹기로 한 거죠.
너무 비장한 표현이긴 하지만 해보니까 유념하기가 좀 나아졌습니다.

하던 일을 멈추고, 마음도 멈춥니다.
"일생을 끝마칠 때에 최후의 일념을 어떻게 하오리까."
라는 제자의 질문에
"온전한 생각으로 그치라."하셨던
소태산 대종사님의 법문을 새기며
온전한 마음으로 잠에 드는 공부를 하는 요즘입니다.

어제 제 때 열반(?)하고 오늘 아침 부활(?)해서 이 마음편지를 씁니다.
유념 공부 한 번 성공이죠.
감사한 일입니다.

Practicing Nirvana

'Going to sleep on time.' Until recently, this was an item of mindfulness for me.
I tried to change but it was not easy.
I did not turn off my computer, or I did something else,
even though it was time for bed.
While lying down, I would check my cellphone.

Eventually, I cultivated a strong practice.
I changed the item of mindfulness
It was 'practicing Nirvana.'
Let go of my mind to be in that state of Nirvana.
It is a strong expression, but it is better to be mindful.

When I stop what I am doing, I also stop my mind.
Once disciple asked,
"When my life is coming to an end, what final thought should I maintain?"
Sotaesan replied,
"Rest in an undisturbable state of mind."
Now I practice going to sleep on time keeping this in my mind.

Last night, I experienced Nirvana on time and resurrected this morning.
Today I am writing this letter.
Mindfulness practice is successful. I am grateful.

이 세상이 나의 수행도량임을 선언하노라

집 문을 닫으며 세상의 문을 엽니다.
문을 열고 세상으로 들어갈 때,
잠시 문고리를 잡고 마음 한 번 챙깁니다.

'나는 오늘 이 세상에서 깨달음을 구하리라.'
폭주하는 업무 속에서도,
마음대로 안 되는 일 속에서도,
어긋나는 인간관계 속에서도,
허겁지겁 밥을 먹으면서도,
차를 운전하면서도,
늘어진 어깨로 길을 걸으면서도,
신문을 보면서도,
화장실에서 볼 일을 보면서도,
잠시 한 숨을 쉬면서도…
나는 겨자씨만한 깨달음이라도 구하리라.
조용하지만 단호하게 서원합니다.

소태산 스승님은 이 세상을
'산 경전經典', '큰 선원禪院'이라고 하셨습니다.
파란고해? 사바세계?
지금 여기는 우리가 거듭날 큰 도량道場입니다.

I declare this world as my place of practice

As soon as I close my house door, the door of the world opens.
When I open the door and enter the world,
I hold the door knob for a while and check my mind.

"I will seek enlightenment in this world today."
Even amidst my piles of work,
Even in situations when things don't go my way,
Even among messy human relations,
Even while eating in a hurry,
Even while driving a car,
Even while walking down the road with hunched shoulders,
Even while reading a newspaper,
Even while sitting on the toilet,
Even while taking a deep breath…
I will seek enlightenment even the size of a mustard seed.
I make this vow quietly, yet firmly.

Master Sotaesan declared this world as a living scripture and great vow.
A turbulent sea of suffering? A world of suffering?
This place, right here, is the great place of practice.

나는 지금 여기서 마음공부 하리라
나는 지금 여기서 성불제중 하리라
나는 지금 여기서 깨달음을 구하리라
지금 여기, 이 일터가 나의 수행도량임을 선언하노라

이 마음가짐으로 일터로 나아갑니다.

I will do mind practice here now

I will attain buddhahood here now

I will seek enlightenment here now

Here, in this moment, I declare this workplace as my place of practice

I head out to my workplace with this mind.

소태산 少太山

―

아직도 대종사를
참으로 아는 이가 많지 않으나
앞으로 세상이 발달하면 할수록
대종사께서 새 주세불이심을
세상이 고루 인증하게 되리라.

정산, 기연편 11장.

Sotaesan

—

There still are

not many who are familiar with the Founding Master,

but in the future as the world develops more and more,

the world will widely acknowledge

Master Sotaesan as another embodiment of buddhahood.

Chongsan, His Affinities with the Founding Master 11.

스승 찾기

'스승'이란 말이
점점 희미해지는 요즘입니다.
애타게 스승을 찾는 사람도 적고,
스승을 찾기도 어려운 것 같다고 합니다.

스승을 찾는 일은 참 중요합니다.
나를 찾는 일과 마찬가지이기 때문입니다.

어떤 분이 바른 스승님일까요?
제가 모셨던 스승님은 이렇게 말씀하셨습니다.
"스승님을 모시는 분이어야 스승님이다."라고.

스스로 높아지려는 이들이 넘쳐나는 세상입니다.
스승님 앞에 엎드리지 않아서
내 삶이 위태로운 것은 아닌지 돌아봅니다.

아직, 모시는 스승님이 없다면
오늘, 구사고행求師苦行에 나설 일입니다.

Finding a master

The word 'master' is
rather diluted these days.
It is rare to find someone looking for a master,
even more scarce to find a master.

Finding a master is very important.
It is the same as finding myself.

Who is the right master?
A master I respected said,
"A true master is one who respects masters oneself."

The world is full of people wanting to be better than others.
I wonder if my life is in danger
because I did not prostrate in front of my master.

Yet, if you do not have a master to follow
today, I recommend you seek and find a master.

소태산으로!

길을 묻습니다.
정확하고 친절하게 길을 알려주는 이도 있고,
틀린 길을 알려주는 사람도 있죠.
묻기 전에 깊이 생각해야겠습니다.
내가 누구에게 길을 묻고 있는지.
묻는 순간 이미 답은 정해져 있으니까요.

새해가 시험처럼 다가왔습니다.
천만 가지 문제들은 나를 기다리고 있고,
여러 갈래 길들은 나를 망설이게 할 것입니다.
누구에게 길을 묻고, 어떻게 답을 구해야할까요?

소태산 마음학교의 학생이라면,
소태산 스승님께 길을 물어야겠죠.
그 분은 우리를 안내하실 것입니다.
내 깊은 마음으로,
모든 부처님과 성현님들에게로,
하나의 위대한 진리로, 지혜로운 답으로.

더 열심히 소태산에 길을 물어서
나날이 새로워지길 서원하는 새해 아침입니다.
함께 가시죠, 소태산으로!

To Sotaesan!

I ask for the way.
Someone guides the way correctly and kindly.
Or someone guides the way incorrectly.
I should consider thoroughly before I ask
whomever I am inquiring about the way.
Because an answer is already fixed the moment I ask.

The new year has arrived like an exam.
Ten million problems are waiting for me,
Various choices will make me hesitate.
Whom should I ask for the way and how shall I get my answer?

If you are a student of Sotaesan Mind School,
you should ask Master Sotaesan.
He will guide the way for us
to depths of the mind,
to all buddhas and great masters,
to one great truth, to wise answers.

It is New Year's morning, and I wish to be new every day
by sincerely asking Sotaesan for the way.
Let's go together. To Sotaesan!

초등학생처럼

성실히 살아야겠다는 다짐은
아침 기상 시각을 지키는 실천으로,
원망생활을 감사생활로 돌리겠다는 다짐은
한 줄의 감사일기를 쓰는 실천으로,
마음의 자유를 얻겠다는 다짐은
1분이라도 더 선禪을 하는 실천으로,
성찰적 삶을 살겠다는 다짐은,
매일 저녁 마음일기를 쓰는 실천으로,
정진 적공하겠다는 서원도
아주 구체적인 유무념 공부로 실천하렵니다.
새해를 맞이하면서
기본으로 돌아가고자 합니다.

마음일기를 쓰면서 다짐했어요.
가갸거겨를 쓰던 초등학생으로 돌아가야겠다고.
아이의 마음으로 다시 시작하겠다고.

소태산 스승님을 담임선생님으로 모시고
'사실적 도덕의 훈련'에 땀 흘리는
착한 학생으로 돌아가자고.

이 마음만으로도 아이처럼 행복해지네요.

Like an elementary school student

The resolution to live sincerely
with a regular morning practice;
The resolution to turn a life of resentment into a life of gratitude
with the practice of writing a single line in a gratitude diary;
The promise of freedom of mind
through the practice of meditating even for one more minute;
The vow to live a contemplative life,
with the practice of writing in a diary every day;
The spiritual vow to practice persistently and accumulate merit,
will be realized through a specific mindfulness practice.
This New Year,
I want to go back to the basics.

I made these resolutions while writing in my mind diary.
I want to return to the time when I was an elementary school student just learning the alphabet.
I will start again with a child's heart.

Taking Master Sotaesan as my teacher,
I will turn back the hands of time to when I was a kindhearted student.

This mind makes me happy just like a child.

구세주가 없다니?

종교마다 구세주가 있죠, 거의.
세상을 구원하고 나를 구원하는 존재.
그래서 그를 믿고 구원을 갈구하죠.

그런데 원불교, 소태산 스승님의 가르침에서는
구세주가 없습니다.

삶의 주인공은 바로 나,
길도 내가 찾아야 한다고 합니다.
내 안의 구원자는 내 마음이라고 합니다.

내 밖에서 구원자를 찾는다면
나를 둘러싼 모든 존재라고 합니다.
내 아내, 내 남편, 이웃집 사람들, 온 세상의 사람들,
그리고 생명을 가진 존재들, 그리고 우주자연…

내가 나를 구원해야 하고
우리 서로가 서로를 구원해야지 별 수가 없답니다.
참 냉정한 가르침이죠.

내가 아는 소태산 스승님의 가르침입니다.
알고 보면 가장 뜨거운 사랑의 소식인데…

No external savior?

Many religions have their own saviors.
A being who saves the world and saves me.
That is why we believe in him and yearn for salvation.

However, in Won Buddhism, Master Sotaesan's teaching says
'there is no external savior.'

I am the main character of my life.
I must find my own way.
The true savior is within my mind.

If I seek a savior besides me,
it should be all beings surrounding me.
My wife, my husband, neighbors, people all over the world,
all sentient beings, and the entire universe…

I must save myself, which also means
we have no choice but to save one another.
What a startling realization.

It is thanks to Master Sotaesan that I recognize this.
This is actually the hottest news called love…

교황님 뵙기 하루 전

대전 근처는
종일 비가 내렸습니다.
저는 빨간색 간판과 노란색 간판들을 챙겨서
후배 교무와 아침 일찍 길을 나섰습니다.

교당마다 자리를 잡고
단단한 벽을 전동드릴로 뚫고
접착제로 붙여가며 간판을 달았죠.
열군데 정도의 교당을 돌았던 것 같습니다.
이 간판에 쓰인 문구는
'소태산 마음학교'.
대전에 산다는 이유로 초대받은
교황 집전 미사에 참석하기 전날 일이죠.

저는 압니다.
소태산 스승님을 모시는 일이
하나님의 나라를 이루는 일과 둘이 아니란 것을.

원기100년을 맞이하며
더 많은 인연들에게 '소태산'을 알리고 싶습니다.
그럴수록 세상은 평화로워질 것입니다.
오늘도 간판 달러 갑니다.

The day before meeting Pope

It rained all day nearby Daejeon.
I picked up red and yellow signs and
set out early in the morning with a young minister.

We visited temples, drilled the solid walls, glued and posted signs.
I think we walked to about 10 temples.
The phrase written on this sign reads,
'Sotaesan Mind School.'
It was the day before attending the Pope's Mass,
and I was invited to the Mass because I live in Daejeon.

I know.
Respecting Master Sotaesan
is not any different than worshipping God's world.

Welcoming the 100th year of the Won Buddhist Era,
I want to let more people know about 'Sotaesan.'
The more I do that, the more peaceful the world will be.
Today I go out again to post more signs.

소태산을 생각하라

어제 회의를 했습니다.
돌아가면서 한마디씩 하는데
유난히 풀이 죽은(?) 분이 있더군요.
교도수가 아주 적은 영세 교당을 대표해서 오신 분이었어요.

원불교 100주년기념대회를 앞두고
더 많은 인연들과 함께하고 싶은데
사정이 여의치 않으니까 마음이 좀 무거웠던 것 같아요.

그 분이 마음에 걸려서 한 말씀 드렸습니다.
"소태산 대종사님을 생각해보자."라고.

아무도 알아주는 이 없고
집 한 채도 없이 혼자서 이 회상을 펴신,
소태산 대종사님!

긴 겨울 견디고
아무렇지도 않게 피어나는 봄꽃처럼,
오랜 서원으로 마음꽃 활짝 피우신
소태산 새 부처님!

그 분 생각만 해도 마음이 살아납니다.

Think of Sotaesan

We had a meeting yesterday.
Everyone made comments one by one,
but I noticed fellow crestfallen.
He was a representative of a small temple with very few followers.

Prior to the 100th anniversary of Won Buddhism,
he wanted to reach out to more people,
but his temple could not afford it. I thought he might be feeling sad.

It was troubling my mind, so I said,
"Let's think of our Master Sotaesan."

Master Sotaesan!
who spread Won Buddhism all by himself, without anyone noticing,
without a single house.

After enduring a long winter,
like a Spring flower blossoms as if nothing happened,
Sotaesan Buddha!
whose mind bloomed and flourished with utmost dedication.

Just thinking of him revives my mind.

소태산의 제자

어려운 일에 부딪쳤을 때
풀어가는 모양새가 사람마다 다르죠.

술 한 잔 마시고 시작하는 사람도 있고,
담배 한 대 피우고 시작하는 사람도 있죠.

책을 보고 풀 수도 있고,
잘 아는 선배에게 물어봐서 풀 수도 있죠.
점을 보거나 사주를 보기도 하죠.

문제를 푸는 방식을 보면
그 사람의 가치관을 알 수 있습니다.

소태산의 제자라면
그의 관점으로 문제를 바라보고
그의 방식으로 문제를 풀어내야죠.

내 삶의 문제들을 어떻게 풀고 있는지,
스승님의 가르침과 내 삶이 겉돌고 있지는 않은지
돌아보아야겠습니다.

Sotaesan's disciple

For every problem,
each person solves it differently.

There is someone who solves it by drinking,
and someone who solves it by smoking.

I can solve it by reading a book,
by asking a senior minister,
or by going to have my fortune read.

When I see how a person solves problems,
I get a glimpse of the person's values.

If you are a disciple of Sotaesan,
You have to see the problem from his perspective
and solve the problem with his teaching.

I should reflect upon how I solve my problems,
and see whether my life is aligned with the Master's teachings.

도덕이 사라진다

'도덕'이란 말이 사라지는 것 같습니다.
요란한 시국에 '법률'만이 각광을 받네요.
도덕은 흉년이고 법률은 풍년입니다.
부끄러움을 뻔뻔함이 이기려고 합니다.

인간이 만든 실정법만으로 시비를 가리는 세상은
도덕에 의한 세상보다 저열합니다.

도덕적 기초가 부실한 법률은
각박한 세태를 낳고 도덕적 타락을 조장합니다.

법률도 소태산 스승님이 말씀하신
'인도정의의 공정한 법칙'에 바탕한 법률을 살려내야 하고,
진리에 바탕한 도덕을 살려내야겠습니다.

그리고 이 두 가지를 제대로 살려내려면
우리 마음을 살려내야겠고,
마음을 살려내려면 마음공부를 해야겠습니다.

세상의 모습이 우리 마음의 모습이죠.
마음이 변해야 세상도 변합니다.
마음공부에 앞장선 이들이 할 일이 많습니다.

Morality is disappearing

It seems like 'morality' is disappearing.
In current events, only 'law' takes center stage.
Morality is scarce and law is abundant.
Boldness is trying to overshadow shame.

The world deciding right or wrong with positive law
is less skillful than the world with morality.

Law that is lacking a moral foundation
creates tough social conditions and breeds moral corruption.

Law should follow laws based on 'equitable rules of the human Way and of justice' taught by Master Sotaesan and inform morals based on the Truth.

In order to save these two, we must save our mind
and in order to save our mind, we need mind practice.

The reflection of the world is a reflection of our mind.
When the mind changes, the world also will change.
There are many things to do for people with mind practice.

참 문명 세계로

소태산은 왜 마음을 내었을까요?
왜 자리를 털고 일어섰을까요?
그냥 혼자 깊은 기쁨에 머물러도 되는데…
숱한 전무출신들은 왜 청춘을 바치고
피와 땀을 모아 교당은 또 왜 지었을까요?

원불교 100년을 지나는 지금. 우리는 어디로 가야하나요?
교당과 기관, 교단이 다 무슨 소용일까요?
중생의 고통에서 멀리 있다면,
그들의 마음에 응답할 수 없다면…

우리 귀는 늘 세상의 고통에 열려 있어야 하고
우리 눈은 고해를 뚫어지게 보고 있어야 하지 않나요?
우리의 하얀 법복은 세상의 때로 얼룩져야 하고
중생이 아프니 우리는 더 아파야 하지 않을까요?

힘들어도 컴컴하게 타협하지 않고
우리 함께 씩씩하게 나아가야죠.
소태산 대종사가 꿈 꾼 그곳으로.
내 목적지요,
우리의 한 목적지요,
모두 함께 가야 하는 목적지, 참 문명 세계로!

To a truly civilized world

Why did Sotaesan make up his mind?
Why did he stand up for this?
He could have remained in deep happiness by himself…
Why did so many ministers dedicate their youth
and build temples with their blood and sweat?

Where do we go from here, now past the 100th year of Won Buddhism?
What good are temples, religious organizations, and sanghas
if they are disconnected from sentient beings' suffering,
if we fail to respond accordingly to their mind…

Our ears must stay open to the world's suffering,
Shouldn't our eyes recognize this?
Our white robes must intermingle with the dirty world.
Shouldn't it feel just as painful to us when other people are in pain?

Even though it is difficult and dark at times,
we have to step forward without compromising.
To create the paradise Master Sotaesan envisioned.
This is my destination,
This is our ultimate destination,
This is the destination where everyone is together, a truly civilized world!

소태산少太山

원불교 100년을 앞두고
마음에 걸리는 것이 있습니다.
세상 사람들이 '소태산'을 잘 모른다는 사실.

새 세상을 열어갈 부처님인지도 모르고,
위대한 성인인지도 모르고,
심지어는 '사람'인지도 모르는 이들이
부지기수입니다.

'소태산'을 흠모하면 할수록
무시로 마음이 아득해지곤 합니다.
가야할 길, 해야 할 일은 알겠는데
가진 능력이 너무 적어서…

하지만 오늘도 다짐합니다.
적어도 '소태산' 세 글자를
세상 사람들의 마음에 새기겠다고.

원불교 100년을 앞두고
'소태산 마음학교'를 연 이유입니다.

Sotaesan

Leading up to the 100th year of Won Buddhism,
I have an issue on my mind.
It is that people in the world do not really know about 'Sotaesan.'

There are many people
who do not know that he is a buddha guiding a new world,
who do not know that he is a great sage,
and who do not even know that he is 'human being.'

The more I admire 'Sotaesan.'
I have a long way ahead.
I know which way to go and what to do,
but I am lack of capacity…

However, today I make a vow again,
that I will share at least three characters of 'Sotaesan.'
with people's minds in the world.

This is why I opened 'Sotaesan Mind School'
before the 100th year of Won Buddhism.

보물 상자

'우주의 본가'를 묻는 제자에게
소태산 부처님이 땅에 일원상(O)을 그리며 말씀하십니다.

"이것이 곧 큰 우주의 본가이니
이 가운데에는 무궁한 묘리와 무궁한 보물과 무궁한 조화가
하나도 빠짐없이 갖추어 있나니라."

지금 내가 묘한 이치 속에서 살아갑니다.
지금 내가 사는 곳이 보물 상자 속입니다.
지금 내가 온갖 조화 속에서 살고 있습니다.

이 엄청난 깨달음과 은혜 속에서
온갖 근심 걱정 녹아나는 오늘이 되길 기원합니다.

Treasure box

A disciple asked about 'the original home of the grand universe.'
Sotaesan traced the Ilwonsang(○)on the ground and said.

"This is the original home of the grand universe. Within it are included, without exception, infinite arcane principles, infinite treasures, and infinite creative transformation."

Now I am living with the principles.
Now I am living with the treasures.
Now I am living with harmony.

With this boundless awakening and grace,
I hope today is a day free from all worries.

소태산 대종사님, 감사합니다.

소태산 대종사님, 감사합니다.
교전을 한 번 읽은 것만으로도
이 생은 은혜가 넘칩니다.

소태산 대종사님을 만나서
나를 좀 더 깊이 만날 수 있었고,
성현님들을 가깝게 만날 수 있었고,
세상 만물과도 더 가깝게 만날 수 있었습니다.

우리 곁에 와주신 스승님 감사합니다.
스승님을 만난 것이 참 다행스럽습니다.
아직도 더 만나고 싶은 스승님, 그립습니다.
온 세상 앞에서 스승님이 자랑스럽습니다.

부끄럽지 않은 제자로 살겠습니다.
어렵지만 그렇게 노력하겠습니다.

감사합니다. 소태산 대종사님!

Master Sotaesan, Thank you.

Master Sotaesan, Thank you.
My life is full of grace
just by reading the scriptures once.

By meeting Master Sotaesan,
I could meet myself deeply,
I could see sages up close,
I could meet all things in the world up close.

Thank you, Master Sotaesan for being with us.
I feel so fortunate to have met you.
I still want to meet with you again, I miss you.
I am so proud of you in the world.

I will live as a sincere disciple.
It will be difficult to do, but I shall do my best.

Thank you. Master Sotaesan!

후기

행복하고 감사합니다.

돌아보니 '소태산 마음편지'를 쓰는 시간은 은혜롭고 감사했습니다. 저의 마음공부에도 도움이 되고 소태산 스승님의 마음과 뜻을 세상에 알릴 수 있어 행복하고 감사했습니다.

아직 '소태산'을 모르고 낯설어 하는 분들을 위한 글을 쓰고자 했습니다.

이 책은 '소태산 마음학교' 앱(어플리케이션)에 실렸던 글입니다. 5-6년 동안 400여 편의 글이 쌓였는데 그 가운데서 100편만 추려서 엮었습니다.

그동안 앱을 통해 소중하게 읽어주신 분들께 감사합니다.

그리고 바쁜 업무 속에서도 영문 번역을 맡아준 전상현 교무님과 송상진 교무님, 이지선 교무님, 정기민님, Patricia Fecher님, Douglas Conkling(원신행)님, J. Oh Sung님 감사합니다.

디자인을 맡아준 토음디자인 박유성 실장님과 총괄진행을 해준 양영인 교무님, 여러 가지 실무적 도움을 준 김예은님, 장은서님에게도 감사의 마음을 전합니다.

특히 출판비를 기꺼이 후원해주신 대전교당 해산 이정명, 혜타원 배혜명님의 자녀 온누리 '秀' 종합검진센터 이선리 교도님에게 깊은 감사의 마음을 전합니다.

원기 103년 10월
군산 최정풍교무 합장

Epilogue

I feel both pleased and thankful.

Reminiscing of when I wrote 'Mind Letters from the Teachings of Sotaesan' I was filled with grace and gratitude. It was helpful for my mind practice, and I feel both pleased and thankful that I am able to share the mind and teachings of Master Sotaesan with the world.

I wrote this book for people who are unfamiliar with 'Sotaesan.'

This book was posted on the 'Sotaesan Mind school' App(Application). There were about 400 volumes written in this book and I selected 100 volumes among them.

Thank you so much to everyone who has read this work using the app.

Thanks to Rev. Sanghyeon Jeon, Rev. Grace Song, Rev. Jisun Lee, Kimin Jeong, Patricia Fecher, Douglas Conkling, and J. Oh Sung for translating this book during their busy schedule.

I also express gratitude to Yuseong Park, the head of the department of Toeum Design for designing, Rev. Youngin Yang for giving help with general process, Yeeun Kim, Eunseo Jang for giving practical help.

Special thanks to Sunri Lee of Onnurisu medical check up center for sponsoring the publishing cost. She is the daughter of Jeongmyung Lee and Hyemyung Bae of Daejeon Temple.

October, Won Buddhist Era 103
Palms Joined by Rev. Jeongpoong Choi

소태산 마음편지

Mind Letters from the Teachings of Sotaesan

발행일 | 원기 103년(2018) 11월 9일
지음 | 최정풍 교무
엮음 | 소태산 마음학교

디자인 | 박유성
인쇄 | (주)문덕인쇄

펴낸곳 | 도서출판 마음공부
등록번호 | 305-33-21835(2014. 04. 04)
주소 | 대전광역시 동구 정동 27-4
전화 | 070-7011-2392
ISBN | 979-11-955860-5-9
가격 | 10,000원